强智解厄学

编著　李昆仑

中国出版集团有限公司
China Publishing Group Co., Ltd.
现代出版社

图书在版编目（CIP）数据

强智解厄学 / 李昆仑编著. -- 北京 : 现代出版社,
2025. 4-- ISBN 978-7-5231-1410-0
（2025.8重印）
Ⅰ. C934

中国国家版本馆CIP数据核字第2025VM3113号

强智解厄学
QIANGZHI JIEE XUE

编　著　李昆仑

责任编辑　杨学庆
责任印制　贾子珍
出版发行　现代出版社
地　　址　北京市安定门外安华里 504 号
邮政编码　100011
电　　话　(010) 64267325
传　　真　(010) 64245264
网　　址　www.1980xd.com
印　　刷　三河市嵩川印刷有限公司
开　　本　690mm × 960mm　1/16
印　　张　8
字　　数　76 千字
版　　次　2025 年 5 月第 1 版　2025 年 8 月第 3 次印刷
书　　号　ISBN 978-7-5231-1410-0
定　　价　58.00 元

前言

人生总有“厄”，你该怎么办？

曾经，我满心欢喜地准备一场重要的职业资格考试，没日没夜地复习，本以为胜券在握，可到考试那天，各种意外状况频出，最终成绩惨不忍睹。那一刻，我感觉自己掉进了黑暗的深渊，满心都是挫败与迷茫，不断地质问自己为什么这么倒霉。相信大家或多或少也都有过类似的经历，求职四处碰壁，创业遭遇资金链断裂，感情破裂，被朋友背叛……这些困境，就是我们人生中的“厄”。

当“厄”来临的时候，我们该如何应对？是在绝望中沉沦，还是奋起反抗，寻找解厄之道？当我们在人生的旋涡中苦苦挣扎时，不妨把目光投向历史的深处，那里或许隐藏着我们需要的答案。而《解厄学》，就是这样一部蕴含着古老智慧的奇书，它的作者是北宋名相晏殊。

晏殊一生，经历了无数的风雨，却总能在困境中化险为夷，保持着自己的地位和声誉。他的智慧，不仅体现在其文学创作和政治才能上，更体现在他对人生困境的深刻理解和应对之策上。他将自己一生的经验和智慧，都融入了《解厄学》这部著作中。

《解厄学》之所以能历经千年而不衰，是因为它不仅是一本教我们如何应对困境的书，更是一部剖析人性、探寻致厄根源的哲学著作。在书中，晏殊深入剖析了人性的种种弱点，指出这些弱点正是导致我们陷入困境的根源。他提出解厄当治本的主张，只有从根本上认识到自己的问题，克服人性的弱点，才能真正地解厄脱困。这些方法和策略，都是晏殊在自己的人生经历中总结出来的，具有很强的可操作性。

《解厄学》全书分为八卷，每一卷都蕴含着深刻的智慧和实用的策略，就像一把钥匙，为我们打开解厄脱困的大门。

在本书中，我们将带着大家一起深入研读《解厄学》，结合经典案例，让这些古老的智慧焕发出新的生机。让我们一起在《解厄学》的智慧海洋中遨游，学会藏锋、隐智、戒欲、省身、求实、慎言、节情、向善，用这些智慧武装自己，让自己的人生更加从容、更加精彩。

无论你是正在经历困境，还是想要未雨绸缪，提升自己应对困难的能力，本书都能给你带来新的启发和帮助。让我们一起走进本书，探寻解厄脱困的智慧，开启人生的新篇章。

目录

第一章

藏锋

“藏锋”说的是内敛的智慧，可以让我们在复杂的人际交往中保持淡定的状态。

从情感上来说，“藏锋”提醒我们，虽然每个人都有自己的才华，但是并不是在所有时刻都适合展示。核心的秘密在于把握时机，知道什么时候该展现自己的才华，什么时候又应该保持谦虚和谨慎，以帮助我们学习和成长。

在职场中，“藏锋”提醒我们，过于张扬可能会引起同事的嫉妒或不必要的伤害，而适时的“藏锋”则有助于建立良好的社交网络，为自己赢得更多机会。

在人际交往中，“藏锋”也是一种变相的自我保护，会避免由于过度表现而成为别人的攻击目标。

难道我的人生
就这样毁啦？
就你这窝
囊废。
我要积蓄力量，
等待时机。
谢谢，我只是做
了充分准备。
这个方案太出色
了！谢东方，你真
是个人才！
你的改变和努力大
家都看在眼里，出
去后好好生活。
我一定
会的！
当年的事，我从未
忘记，现在，你已
不再是我的对手了。

真正的强大不在于外在的张扬，而在于内心的深厚与沉稳

在电视剧《天道》中，丁元英为韩楚风竞争正天集团总裁之位出的主意，可以说是一种“高人指路”。

话说正天集团老总裁去世，韩楚风被提名为总裁候选人之一，同时还有另外两个副总裁也被提名。一段时间里，这让韩楚风很闹心。

画面是这样的。韩楚风皱着眉头，叹了口气说：“我还是为那事闹心，今天开了一天的会，都跟吃了耗子药似的。”

“那事”是指：正天集团的总裁病逝，在遗嘱里向董事局提名韩楚风为总裁候选人。前总裁是正天集团最有威望的人物，遗嘱提名的分量可想而知。但提名并不等于决议，两名副总裁也是当然的候选人，这使正天集团高层掀起了一场不小的风波。

丁元英没有接韩楚风的话茬儿，这种事非同小可，非当事人不能评价。

韩楚风为此事向丁元英请教，丁元英建议他“退一步”，

即不要急于去争夺总裁之位，而是先让另外两个副总裁去竞争。

韩楚风不明此意何在，便摆下酒局，请丁元英畅饮，向丁元英请教其中的道理。

画面是这样的。丁元英说："这事退后一步让条道儿请两个副总裁先过去，可能胜算要多一些，但不是没有失算的可能。只是事关重大，我担不起这个闪失。"

韩楚风淡然一笑说："我尚没拿起，谈何放下？"

丁元英自己端起酒喝了一杯，说："你办事老总裁放心，但董事局不一定放心。董事局关心的不是老总裁的遗嘱，而是利润。同时，这里还有一个资历问题，对你也是一个潜在的障碍。退一步，让两个副总裁之间的矛盾上升为主要矛盾，让他们去内耗，等他们斗得两败俱伤的时候，企业必然会蒙受损失，此消彼长，有个比较。当董事局看清楚谁是争权的、谁是干事的，自然就众望所归了，你才有可能树立真正的权威。否则，你一登上拳台就会促使他们先结成联盟，你很可能是第一个牺牲品。"

韩楚风问："他们要是不内耗呢？"

丁元英说："这是文化属性，不以他们的意志为转移。"

韩楚风沉思了片刻，说："打个赌吧，将来也算是一个段子，就赌我那辆车。那辆宝马打上七折，作价 70 万，如何？"

丁元英说："随你，要打赌我就一赔五。"

韩楚风问："这么有把握？"

丁元英说："不是有把握，是胜算多一些，公道。"

韩楚风倒上酒，笑笑说：“总裁年薪60多万，我就是当了总裁也未必能做过5年，你一赔五，我赢了是赢，输了还是赢，还说什么？再来三杯！”

最终事情的发展正如丁元英所料，韩楚风成功当上了正天集团总裁。

丁元英跳出韩楚风的思考局限，转换到了董事局和两位副总裁的位置上去看待问题。以一个更新的视野，跟普通人不一样的角度去看待问题，设计了一条反败为胜的招数——建议韩楚风主动退出竞争。一段时间后，董事局自然会任命韩楚风为总裁。

为什么？这里面有什么样的玄机？

玄机就在董事局和两位副总裁的视角里。在董事局的视角上，问题是这样的：

我们想找一个能为集团创造最大利益的人当总裁，虽然韩楚风能力不错，也得到了前总裁的推荐，但是两位副总裁能力也很强，在能力上三个人并没有明显的高下之分。但是两位副总裁的资源更多、资历更老，集团里支持他们的人也很多，可能还是他们更能带领集团发展。

不过，具体是他们中的哪一位，还有待确定。

而在副总裁的视角上，问题又是什么呢？

韩楚风这个愣头小子，居然跟我这个老资格争夺总裁位置？凭什么？

论能力、论资历他哪一点配得上跟我比?

要是另一位副总裁得了位置也就算了，如果让他骑到我的头上，那简直是奇耻大辱！一定要把他打倒。

韩楚风按照丁元英的建议，在竞争开始时主动退出，两位副总裁的视角就发生了变化，他们想当然地认为：

韩楚风退出是正常的，他的实力本来就弱。现在我要把全部精力集中在另一位副总裁身上。怎么才能把他踢出局呢?应该……

写到这里，想必大家都知道了……

韩楚风的退出会导致两位总裁的相互争斗，带领自己的一帮人开始内耗，而忘记了主业。

而这一切都会被董事局看在眼里，董事局会基于这样的情况下判断，谁是搞帮派搞内耗，把个人利益凌驾于集团利益之上的，谁是真正做事的。因此，显而易见，还是应该让韩楚风来当总裁。

这步棋实在是高啊！是“以退为进，不战而胜”啊！

锋芒毕露的代价

在历史的长河中，许多人因不懂得收敛锋芒而付出了惨痛的代价。三国时期的诸葛恪，便是一个典型的例子。诸葛恪乃是诸葛亮之侄，自幼便展现出惊人的才华，思维敏捷，能言善辩。他的父亲诸葛瑾却忧心忡忡，深知儿子性格急躁、刚愎自用，太过喜欢表现自己，恐难保家族平安。果不其然，诸葛恪掌权后，独断专行，又急于建功立业，不顾众人反对，执意北伐。然而，他低估了曹魏的实力，最终大败而归。但他不仅没有反思自己的过错，反而变本加厉地打压异己，使得朝堂上下怨声载道。最终，他被吴主孙亮与大臣孙峻设计杀害，家族也惨遭灭门。诸葛恪的悲剧，正是因为他过于锋芒毕露，不懂得隐藏自己的实力和野心，从而招来杀身之祸。

言辞间的藏锋之道

言辞是人际交往的重要工具，而不轻易显露锋芒在言辞上体现为说话留有余地，不轻易否定他人观点。在日常交流中，我们常常会遇到与自己观点不同的人，此时，若急于反驳，往往容易引发冲突。比如在一次小组讨论中，对于某个方案，小李和小王有不同的看法。小李并没有直接否定小王的观点，而是说："小王的想法很有创意，从这个角度看确实有一定的可行性。不过，我在想，要是我们再结合一些市场调研的数据，是不是能让这个方案更加完善呢？"小李的这番话，既肯定了小王的观点，又巧妙地提出了自己的建议，让讨论得以在和谐的氛围中继续进行。

说话留有余地，意味着不把话说满，给自己和他人都留一些回旋的余地。古人云："凡事留一线，日后好相见。"在评价他人时，不使用绝对的词汇，避免给人造成刻板印象。当被问及对同事工作的看法时，我们可以说："他在这个项目中表现得很努力，在某些方面取得了不错的成果。如果在时间管理上再优化一下，相信他会做得更好。"这样的评价既客观公正，又体现了对同事的尊重和关心，同时避免了因言辞不当而引发不必要的矛盾。

才华展示的智慧

才华是一把"双刃剑"，运用得当，可成就非凡；若过早或过度显露，也可能会带来负面影响。司马懿，三国时期的重要人物，他一生历经曹操、曹丕、曹叡和曹芳几代君王的统治，深知在复杂的政治环境中隐藏才华、韬光养晦的重要性。面对曹操的猜忌，他选择装疯卖傻，巧妙地躲过了曹操的试探；在曹爽专权时，他又以生病为由，闭门不出，暗中积蓄力量。最终，他抓住时机发动高平陵政变，一举夺取了曹魏政权。司马懿的成功,很大程度上得益于他对才华的隐藏和对时机的把握。他明白，在实力不足、时机未成熟时，过于显露才华只会招来杀身之祸。

而诸葛亮，未出茅庐便知天下三分，他在隆中时，虽有经天纬地之才，却并未急于出山展示。他潜心研究天下局势，等待明主。直到刘备三顾茅庐，他才出山辅佐，为刘备制定了三分天下的战略蓝图。诸葛亮的做法告诉我们，才华需要在合适的时机下展现,才能发挥出最大的价值。在未遇到合适的机会时，默默沉淀自己，不断提升能力，是智者的选择。

藏锋带来的深远影响

藏锋对个人的发展有着积极的推动作用。在个人成长的道路上，不轻易显露锋芒能让我们更好地积累实力。就像竹子，在最初的几年里，它的生长速度极为缓慢，几乎看不到明显的变化。但它并未急于破土而出、展示自己，而是在地下默默扎根，将根系不断地向四周延伸，努力吸收养分。经过长时间的积累，竹子的根基变得异常稳固，一旦时机成熟，它便会以惊人的速度向上生长，短短几周内就能长到十几米高。人也应如此，当我们不急于在他人面前展示自己的才华，而是专注于自身能力的提升时，我们才能够静下心来学习知识、积累经验，不断地充实自己，为未来的发展打下坚实的基础。

在人际关系方面，藏锋能帮助我们赢得他人的尊重、信任。当我们在言辞和行为上不过分张扬，能够尊重他人的意见和感受时，我们才会更容易与他人建立良好的关系。在一个团队中，那些懂得藏锋的人，不会总是强调自己的功劳，而是会更关注团队成员的需求，积极配合他人的工作。他们的谦逊和低调，会让团队成员感到被尊重，从而赢得大家的信任和支持。相反，那些锋芒毕露、处处争强好胜的人，往往会引起他人的反感和嫉妒，难以与他人建立和谐的关系，甚至可能会在团队中陷入孤立无援的境地。

从自我修养的角度来看，藏锋有助于我们实现内心的平和与沉稳。当我们不被外界的赞誉和批评所左右，能够保持一颗平常心时，我们的内心会更加平静。在面对成功时，不沾沾自喜，并能够清醒地认识到自己的不足，继续努力前行；在面对失败时，不气馁沮丧，能够从失败中吸取教训，重新振作。苏轼一生多次被贬，仕途坎坷，但他始终保持着豁达乐观的心态，不被名利所束缚。他将自己的才华融入诗词的创作中，用文字来表达自己对生活的热爱和对人生的思考。苏轼的这种心态，让他在困境中依然能够保持内心的平和，创作了许多流传千古的佳作。

掌握藏锋的艺术

生活是一场复杂的旅程，在行为、言辞和才华上不轻易显露锋芒，是我们在这场旅程中需要掌握的重要艺术。诸葛恪的惨痛教训警示我们，锋芒毕露可能会带来灾祸；而司马懿、诸葛亮的成功经验则告诉我们，藏锋能够让我们在困境中积蓄力量，等待时机，实现自己的抱负。

在日常行为中，我们应像那些默默为团队贡献的人一样，踏实做事，不争一时之功；在言辞表达上，要学会换位思考，尊重他人，说话留有余地；在才华展示方面，要懂得审时度势，在合适的时机展现自己的能力。

当然，不轻易显露锋芒并不意味着要隐藏自己的所有光芒，而是要根据具体情境，灵活把握“藏”与“露”的度。在需要展现自己的时候，要勇敢地站出来，发挥自己的才能；在不适合显露锋芒的时候，要懂得收敛，保持谦逊。只有这样，我们才能在人生的道路上走得更加稳健，才能实现自己的人生价值。

第二章

隐智

智慧是一把“双刃剑”，它的价值取决于使用者的目的和方式。如果用于正途，智慧便能带来益处；如果用于投机取巧，最终只会自食其果。在生活中要正直正确地使用智慧，避免陷入狡猾和诡计的陷阱。

智慧的力量在于其隐秘性和适时性。过于张扬不仅无法展现智慧的力量，反而可能适得其反。因此，在处理问题时，我应该更加谨慎和低调，让智慧在适当的时机发挥作用。

君子以集体利益为重，小人则计较个人得失。真正的智慧不仅是个人利益的最大化，更是对大局的考虑和对他人福祉的关怀。

好热闹。
这道题好难啊！
能解出来那可太厉害了。
这题我解出来了，其实也不难嘛。
哇，你好聪明啊！

糟糕，球掉进去了。
翻墙进去不太好吧？
你是怎么想到这个办法的？
我也是刚好看到这些东西，就想着试试看。

啊！
就这么办。
小子，你干吗？
对不起。
真倒霉。
哈哈……

不轻易展现自己的智慧，也不去卖弄自己的聪明

三国时期的司马懿,无疑是一位深谙隐智之道的谋略大师。他身处曹氏政权之下，面对曹操的猜忌、曹丕的防范以及曹爽的排挤，始终保持着超乎常人的隐忍与克制。在曹操麾下时，司马懿察觉到曹操对自己的雄才大略有所忌惮，便刻意收敛了锋芒，兢兢业业地处理政务，展现出一副忠诚勤恳、胸无大志的模样。他巧妙地隐藏了自己的野心与智慧，成功骗过了曹操的眼睛，得以在曹操的阵营中存活下来。

随着时间的推移，魏明帝曹叡去世后，曹爽与司马懿共同受命辅佐幼主曹芳。曹爽为了独揽大权，对司马懿进行了一系列的打压与排挤，剥夺了他的兵权，将其明升暗降地封为太傅，使其远离权力核心。在这看似绝境的困境中，司马懿没有选择贸然反抗，而是选择了更加隐忍的策略——装病。他以病重为由，闭门不出，不问政事，甚至在曹爽的心腹李胜前来探病时，故意装作病入膏肓、神志不清的样子，喝粥时将粥汁洒得满衣襟都是，说话也颠三倒四，让人深信他已时日无多。通过这一系列精彩的表演，司马懿成功地麻痹了曹爽，使其放松了对自

己的警惕。

然而，司马懿的内心却从未停止对局势的观察与谋划。他在暗中积蓄力量，默默等待着反击的最佳时机。终于，在公元 249 年，曹爽陪同曹芳前往高平陵祭拜先帝，趁京城洛阳空虚之际，司马懿果断出手。他迅速发动政变，控制了京城的要害部门，以迅雷不及掩耳之势夺取了政权，一举诛杀了曹爽及其党羽，为司马家族日后篡夺曹魏政权奠定了坚实的基础 。司马懿的成功，正是源于他对隐智的深刻理解与合理运用。他明白，在时机未成熟时，过于显露锋芒只会招来杀身之祸，唯有隐藏智慧，隐忍待机，才能在关键时刻给予对手致命一击，实现自己的目标。

职场新人小王：默默耕耘，收获晋升

在职场的舞台上，也不乏一些善于运用隐智取得成功的案例。小王，一位初入职场的年轻人，进入一家大型企业后，他深知自己作为新人，在经验、人脉等方面都与同事存在差距。因此，他没有像一些人那样急于表现自己，到处张扬，而是选择了默默耕耘，脚踏实地地做好每一项工作。

在日常工作中，小王总是主动承担一些琐碎但重要的任务，无论是整理文件、收集资料，还是协助同事们完成项目，他都做得一丝不苟。他利用业余时间，深入学习公司的业务知识，提升自己的专业水平。遇到不懂的问题，他会虚心向同事请教，但从不炫耀自己的努力与进步。在团队讨论中，小王虽然发言不多，但每次发言都能切中要点，提出具有建设性的意见，然而他从不刻意抢风头，总是将功劳归于团队。

就这样，小王在工作中默默地不断地积累着自己的实力。经过一段时间的努力，他在一个重要的项目中发挥了关键作用。他凭借自己扎实的专业知识和前期积累的经验，为项目提供了创新的解决方案，成功推动项目顺利完成，为公司带来了显著的经济效益。他出色的表现，终于引起了领导和同事们的关注与认可。最终，小王获得了晋升的机会，在职场上迈出了重要的一步。小王的经历告诉了我们，在职场中，隐智并不是退缩与无能的表现，而是一种沉稳的处世态度。通过默默积累实力，不急于求成，我们能够在合适的时机展现自己的价值，赢得属于自己的机会。

杨修：恃才放旷，聪明反被聪明误

在历史的长河中，杨修的故事犹如一记沉重的警钟，时刻告诫着人们玩弄智慧的危害。杨修，这位才华横溢的东汉文学家，在曹操麾下担任丞相主簿一职。他凭借着过人的才智，常常能洞悉曹操的心思。然而，他却不懂得收敛，反而一次次地炫耀自己的小聪明。

曹操曾经路过曹娥碑时，看到碑背上的“黄绢幼妇，外孙齑臼”八字谜题，思索许久后仍未得出答案。而杨修却瞬间领悟，毫不犹豫地说出谜底“绝妙好辞”，令曹操自叹不如。后来，曹操在相国府大门上题一“活”字，众人皆不解其意，唯有杨修立刻明白曹操是嫌门太阔，于是命人将门拆改。甚至在有人送给曹操一盒酥饼，曹操在盒盖上写了“一合酥”后，杨修也能解读出曹操的意图是“一人一口酥”，并擅自将酥饼分给众人。

这些看似聪明的举动，实则是在一次次地挑战着曹操的权威。在曹操眼中，杨修的行为并非是智慧的体现，而是一种恃才放旷、目无尊长的表现。但是，真正让曹操对杨修起了杀心的是他卷入了曹丕与曹植的夺嫡之争。杨修自恃聪明，为曹植出谋划策，甚至在曹操考核诸子时，提前为曹植准备好了答案，帮助他应对曹操的提问。

他的这些行为，严重扰乱了曹操对继承人的考察，也让曹操深感自己的权威受到了威胁。最终，在建安二十四年（219年），曹操以“前后漏泄言教，交关诸侯”的罪名将杨修处死。杨修的死，正是他肆意玩弄智慧的恶果。他本拥有出众的才华，却不懂得隐智与善用，反而将智慧用于炫耀与投机，最终落得个身首异处的悲惨下场，实在令人扼腕叹息。

现实案例警示：投机取巧，终食恶果

在现实生活中，也有许多人因玩弄智慧、投机取巧，最终付出了惨痛的代价。学术造假便是其中一个典型的例子。

一些学者为了追求名利，不惜违背学术道德，抄袭他人的研究成果、伪造实验数据、炮制虚假论文。

韩国的黄禹锡，曾是韩国科学界的巨星，在干细胞研究领域取得了一系列令人瞩目的成果，备受世人赞誉。

然而，在后来被揭露其研究成果存在严重的造假行为。他的论文中所涉及的干细胞克隆技术，大多是通过伪造数据、编造实验过程得来的。这一丑闻曝光后，黄禹锡不仅自身身败名裂，其所在的科研机构也遭受了巨大的声誉损失。他的学术生涯彻底毁于一旦，曾经的辉煌瞬间化为泡影。在中国，也有类似的事件发生。某知名高校的学者，为了在学术领域取得更高的地位和更多的资源，指使学生抄袭拼凑论文，并将其作为自己的研究成果发表。

随着调查的深入，他的造假行为被公之于众。学校对他进行了严厉的处罚，撤销了他的教授职务，取消了他的科研项目资格。他不仅失去了在学术界的声誉和地位，还将面临法律的制裁。

商业欺诈也是玩弄智慧的一种表现形式。一些企业为了获取巨额利润，不惜采用欺诈的手段，欺骗消费者和合作伙伴。曾经的全球能源巨头安然公司，通过财务造假、隐瞒债务等手段，虚增公司利润，营造出公司业绩蒸蒸日上的假象。

在一段时间内，安然公司的股价一路飙升，公司高层们也因此获得了巨额的财富。然而，纸终究是包不住火，安然公司的欺诈行为最终被曝光。公司股价暴跌，投资者们遭受了巨大的损失，安然公司也不得不申请破产保护。曾经辉煌一时的商业帝国，就这样在玩弄智慧的错误行径中轰然崩塌。这些现实案例无不警示着我们，玩弄智慧或许能在短期内获得一些利益，但从长远来看，必然会付出惨重的代价，最终导致身败名裂。

保持谦逊，低调行事

在生活的舞台上，谦逊低调是一种无声却强大的力量，能够为我们营造出和谐的人际关系，助力我们走向成功。正如老子在《道德经》中所言："江海所以能为百谷王者，以其善下之，故能为百谷王。" 大海之所以能够成为百川汇聚的王者，正是因为它处于低下的位置，能够包容万物 。一个人若能以大海般的胸怀，保持谦逊低调，不炫耀自己的智慧与成就，就能够赢得他人的尊重与信任。

当我们取得成绩时，若能不沾沾自喜，不四处宣扬，而是将精力继续投入提升自我之中，我们便能不断进步。莫言曾说："和周围人搞好关系的秘诀就是，不分享喜悦，不炫耀成功，不说三道四，不假装聪明。" 过度炫耀往往会引发他人的反感与嫉妒，给自己带来不必要的麻烦。真正有智慧的人，懂得在低调中默默积累，等待时机成熟，一鸣惊人。

心怀正念，坚守道德

道德，是智慧得以正确运用的基石。意大利诗人但丁曾说："道德常常能填补智慧的缺陷，而智慧却永远也填补不了道德的缺陷。" 一个人即便是拥有卓越的智慧，但如果缺乏道德的约束，那么他的智慧可能会被用于不正当的目的，最终给自己和他人带来巨大的危害。秦桧，虽才华横溢，但因道德败坏，为一己私利，以莫须有的罪名陷害岳飞，成为千古罪人，遭到世人的唾弃。

相反，当我们心怀正念，坚守道德准则时，智慧便能成为我们造福社会、成就自我的有力工具。"广东好人" 卢瑞音，面对丈夫重度脑瘫、女儿患病离世的巨大磨难，始终坚守内心的善良与责任。她用 20 多年的时间悉心照顾丈夫，不离不弃。她虽没有惊天动地的智慧谋略，但她心中的善念与道德，让她在困境中展现出了无比强大的力量,赢得了人们的尊敬与赞誉。

善于观察，把握时机

善于观察，是运用智慧的重要前提。《周易》有云："君子藏器于身,待时而动。"意思是君子要将才华与能力隐藏于身，等待合适的时机再行动。在生活中，我们需要时刻保持敏锐的观察力，洞悉周围的环境与局势，只有这样，才能准确把握时机，让智慧发挥出最大的价值。

三国时期的诸葛亮，未出茅庐便知天下三分，正是因为他善于观察天下局势，对各方势力的发展与变化了然于心。在刘备三顾茅庐时，他认为时机已到，便出山辅佐刘备，凭借自己的智慧，为刘备出谋划策，奠定了蜀汉政权的根基。如果诸葛亮不懂得观察时机，过早或过晚出山，都有可能无法实现自己的抱负。同样，在现代商业竞争中，企业家们也需要敏锐地观察市场动态，把握商机，才能在激烈的竞争中立于不败之地。

在漫漫人生路上，智慧是我们宝贵的财富。只有正确运用智慧，保持谦逊低调，心怀善念，善于观察并把握时机，我们才能在人生的舞台上绽放出绚丽的光彩，收获真正的成功与幸福。让我们以智慧为帆，以道德为桨，在人生的海洋中稳健前行，稳步驶向理想的彼岸。

在人生的宏大叙事中，我们清晰地看到了智慧的两种截然不同的走向。隐智且善用者，凭借着对智慧的巧妙运用，在历史的长河中留下了辉煌的篇章，为自己赢得了成功与荣耀；而那些肆意玩弄智慧的人，却因背离了智慧的正道，最终陷入了失败的深渊，落得个悲惨的下场。

这两种结果，犹如鲜明的坐标，为我们指引着前行的方向。我们应深刻领悟其中的道理，将智慧视为宝贵的财富，善加运用。在生活的舞台上，我们要学会保持谦逊与低调，不张扬、不炫耀，让智慧在默不作声中发挥力量。同时，始终坚守道德的底线，让智慧与善良、正义相伴，用智慧去创造美好的事物，去帮助他人，为社会贡献自己的力量。还要时刻保持敏锐的观察力，洞察时机，在合适的时刻果断出击，让智慧绽放出最耀眼的光芒。

愿我们都能成为智慧的善用者。在人生的道路上，以智慧为笔，以汗水为墨，书写出属于自己的精彩篇章，收获成功、幸福与满足，让生命绽放出绚丽的光彩。

积蓄力量，厚积薄发

隐藏智慧还能让人在不被关注时默默积累知识、经验和提升能力，待时机成熟时充分发挥，实现更大的价值。西汉时期的陈平，家境贫寒，年轻时在乡里就展现出了非凡的智慧，但他并没有四处张扬，而是选择默默等待机会。他先是投奔魏王，因不受重用而离开，后又追随项羽，同样未能得到重用。但在这期间，陈平并没有抱怨，而是暗中观察各方势力的兴衰，积累政治经验。后来，他转投刘邦，凭借着之前积累的智慧和经验，为刘邦出谋划策，多次在关键时刻帮助刘邦化解危机，成为汉朝的开国功臣。在现代社会中，许多成功人士也都善于隐藏自己的智慧，默默积蓄力量。比如，一位年轻的创业者小张，在创业初期，他没有大肆宣扬自己的创业理念和目标，而是脚踏实地地进行市场调研、产品研发和团队组建。他知道，在自身实力还不够强大的时候，过于张扬只会招来竞争对手的打压。经过几年的默默努力，小张的公司逐渐发展壮大，产品在市场上获得了良好的口碑，这时他才开始逐步扩大公司的影响力，吸引了更多的投资和合作机会，实现了自己的创业梦想。

维护和谐，促进合作

隐藏智慧能避免因凸显个人能力而给他人带来压力的情况，营造良好的合作氛围。在一个团队中，如果有人总是表现得过于突出，事事都要彰显自己的聪明才智，就可能会让其他成员感到自己的价值被忽视，因而产生抵触情绪，影响团队的和谐与合作。例如，在一个软件开发项目中，团队成员小李技术能力很强，在项目讨论中，他总是急于发表自己的意见，并且对其他成员的想法提出尖锐的批评，导致团队氛围很紧张，成员之间的沟通也出现了障碍。后来，小李意识到了自己的问题，开始学会倾听他人的意见，在表达自己的观点时也更加委婉，充分尊重其他成员的想法。团队的氛围逐渐变得融洽，大家能够更加积极地交流合作，项目也得以顺利推进。那些懂得隐藏智慧的人，往往能够更好地与他人合作。他们不会把自己的想法强加给别人，而是会引导团队成员共同思考，充分发挥每个人的优势，实现团队的共同目标。

行为谦逊，不事张扬

在工作和生活中，我们要避免刻意表现自己，而是踏踏实实地做好每一件事。就像雷锋，他做了无数件好事，但从不宣扬自己的功绩。他总是默默地帮助他人，从在火车上为乘客倒水、打扫卫生，到生活中帮助战友解决困难，他的善举都是在无声中进行的。他的谦逊和低调，让他的精神更加深入人心，成为人们学习的榜样。在工作中，当我们完成一项任务取得成绩时，不要急于将功劳全部归于自己，而应先感谢团队成员的协作和支持。比如，小王在完成一个重要项目后，领导表扬他时，他说："这个项目能够顺利完成，离不开大家的共同努力，是团队里每一个人的付出才让我们取得了这样的成绩。"这种谦逊的态度不仅不会掩盖他的能力，反而会让领导和同事更加认可他的人品和团队合作精神。在生活中，我们也不要总是炫耀自己的财富、地位或成就，而是要保持一颗平常心，与他人平等相处。例如，有些有钱人在生活中过于张扬，开豪车、戴名表，处处都在炫耀自己的财富，这样很容易引起他人的反感。那些真正有涵养的人，即使拥有财富和地位，也会保持低调谦逊的生活方式，不会刻意彰显自己的优越。

心态平和，宠辱不惊

保持平和的心态是践行大智若愚的关键。面对成功，我们不应沾沾自喜，要明白这只是人生中的一个阶段性成果而已，未来还有更长的路要走；面对失败，也不要一蹶不振，而是应把它看作是成长的机会。苏轼一生仕途坎坷，多次被贬，但他始终保持着豁达乐观的心态。他在被贬黄州期间，生活困苦，但他并没有被挫折打倒，而是选择寄情山水，写下了许多流传千古的佳作，如《赤壁赋》《念奴娇·赤壁怀古》等。他以平和的心态面对人生的起伏，在困境中依然能保持对生活的热爱和对未来的希望。在现代社会，我们也会面临各种压力和挑战，如工作竞争、考试失利等。当我们取得好成绩或获得晋升机会时，不要骄傲自满，要继续努力提升自己；当我们遇到挫折时，不要抱怨命运不公，而是要冷静分析原因，从中吸取教训。比如，小李在一次重要考试中取得了优异的成绩，但他没有因此而骄傲，而是更加努力地学习，为下一次考试做准备；小张在工作中遭遇了挫折，项目失败了，但他没有气馁，而是认真总结经验，积极寻找解决问题的方法，最终在后续的工作中取得了成功。此外，我们还要学会不在意他人的评价，坚持做自己认为正确的事情。每个人都有自己的生活方式和价值观，我们无法满足所有人的期待，也不必过分在意他人的看法。只要我们的行为符合道德规范，对自己和他人有益，就应该坚定地走下去。

大智若愚，成就非凡人生

大智若愚，是一种深邃的人生智慧，是一种高尚的处世哲学，更是一种难得的精神境界。它能让我们在纷繁复杂的世界中，保持清醒的头脑，不被外界的喧嚣和诱惑所干扰，坚守内心的宁静与坚定。

懂得大智若愚的人，不会被一时的名利所迷惑，他们追求的是长远的发展和内心的充实。他们深知，真正的智慧不是表面的炫耀和张扬，而是内在的修养和沉淀，所以在面对挑战和困难时，他们能够保持冷静和理智，以平和的心态去应对，凭借着深厚的智慧和顽强的毅力，克服重重困难，走向成功。

在我们的生活中，让我们努力践行大智若愚的智慧。言语低调，多倾听他人的声音，丰富自己的见识；行为谦逊，用踏实的行动实现自己的价值；心态平和，从容面对生活的起伏。愿我们都能领悟大智若愚的真谛，在人生的道路上，以智慧为帆，以谦逊为桨，驶向成功与幸福的彼岸，书写属于自己的精彩人生。

第三章

戒欲

过度的欲望会让人失去稳定的基础，而心胸宽广则能够避免怨恨。在现实生活中，我们应该学会控制自己的欲望，保持心态的平和，这样才能不被欲望所左右，保持内心的宁静。

对于喜爱的事物不要追求到极致，过于执着可能会带来过错。生活中应该追求平衡，对于任何事物的追求都要保持适度，避免走极端。

君子通过修身养性来避免灾祸，而小人由于无所顾忌最终自食其果。个人的修养和道德行为对于命运有着重要的影响。

一个瞬间的错误念头可能会导致截然不同的结果。因此，我们应该时刻保持清醒的头脑，慎重对待每一个决定。

对于贪婪、放纵和恶行，绝对不能姑息迁就，必须采取严厉的措施。维护社会正义需要坚定的立场和果断的行动。

以德行制欲望，用戒律束行为。醒悟之人，人生畅达；迷失之人，陷入困境。

这表真漂亮。
真厉害，我也想换辆好车。
我那车提速可快了。
我刚买了套别墅。
为了这些东西，我快喘不过气了。
给你。

这些多余的东西还是捐给需要它的人吧。
谢谢哥哥，你教得真好。
不客气，要好好学习。
谢谢领导。
最近你工作很出色。
真正的满足，不在物质里，在心里。

控制自己的欲望，
不追求过度的物质享受或满足

节欲：解锁人生的智慧密码

在当今这个物欲横流的时代，我们仿佛置身于一场永不停歇的消费狂欢之中。广告的狂轰滥炸、社交媒体上的炫富攀比，无时无刻不在撩拨着我们的欲望。然而，过度地追求物质享受和欲望的满足，真的能给我们带来长久的幸福吗？答案是否定的，学会节欲，控制自己的欲望，才是通往美好生活的关键路径。

被欲望吞噬的人生

我们不难发现身边有这样一些人，他们为了追求最新款的电子产品、名牌包和豪车，不惜背负高额的债务。每月工资刚到账，就被各种还款账单所吞噬。表面上，他们享受着物质带来的短暂快乐，实际上却被欲望牢牢束缚。为了满足这些欲望，他们拼命地工作，失去了陪伴家人的时间，牺牲了自己的健康，精神压力也与日俱增。

在网络借贷相关的新闻中，常常能看到一些年轻人，为了满足自己过度的消费欲望，陷入网贷陷阱。从最初的小额借款开始，利滚利，最终债务如同滚雪球般越滚越大，导致他们无力偿还，甚至家庭也被拖入深渊。这些悲剧的根源，就是欲望的失控。

节欲带来的美好

与之相反，节欲能为我们带来诸多意想不到的好处。当我们学会控制物质欲望，不再盲目跟风消费，就能省下一笔可观的金钱。这些钱可以用来投资自己，比如学习一门新技能、参加培训课程，以提升自己在职场上的竞争力，为未来的发展打下坚实的基础。

而且，节欲有助于我们拥有更健康的生活方式。当我们不再把过多的精力放在追求物质享受上时，就会有更多的时间和精力关注自己的身心健康。我们可以选择在清晨去公园跑步，呼吸新鲜空气；可以选择静下心来阅读一本好书，丰富自己的内心世界；也可以选择和家人朋友共度温馨的时光，增进彼此之间的感情。这些精神层面的满足，远比物质带来的短暂快乐更加持久和深刻。

如何做到节欲

树立正确的价值观：深刻认识到物质并不是衡量幸福的唯一标准。幸福更多地来源于内心的满足、良好的人际关系、健康的身体以及个人的成长和进步。当我们将追求的目标从物质转向精神层面,就会发现自己对物质的欲望自然而然地降低了。

制订合理的消费计划：在购物之前，先思考自己是否真的需要这件物品。列出购物清单，只购买清单上的必需品。避免冲动消费,特别是在看到打折促销的活动时,要保持清醒的头脑，不要被低价所迷惑，购买一些自己并不需要的东西。

培养简约的生活习惯：学会断舍离，定期清理自己的物品，扔掉那些已经很久不用或者不再需要的东西。这样不仅能让生活空间变得更加整洁有序，还能让我们的内心更加清爽。在生活中，选择简约而实用的物品，摒弃那些过度包装、华而不实的东西。

节欲并不是让我们放弃对美好生活的追求，而是让我们更加明智地选择自己真正需要的东西。它让我们摆脱欲望的束缚，获得心灵的自由和宁静。让我们从现在开始，学会控制自己的欲望，去拥抱更加美好的人生。

古代贤人的节欲之道

孔子的“安贫乐道”：孔子一生周游列国，传播自己的思想学说，生活并不富裕，但他始终秉持着“安贫乐道”的精神，认为真正的快乐在于追求道德和提升学问。他说：“饭疏食，饮水，曲肱而枕之，乐亦在其中矣。不义而富且贵，于我如浮云。”

这种节欲的态度，让他在艰苦的环境中依然保持着内心的平静和对理想的执着追求。

陶渊明的“归园田居”：陶渊明厌倦了官场的黑暗和虚伪，毅然辞官归隐田园。他在《归园田居》中写道：“少无适俗韵，性本爱丘山。误落尘网中，一去三十年。”在田园生活中，他远离了尘世的喧嚣和物质的诱惑，过上了简单质朴的生活。“采菊东篱下，悠然见南山”，这种闲适自在的心境，正是他节欲思想的体现。

现代名人的节欲生活

巴菲特的节俭生活：作为全球著名的投资家，巴菲特拥有着巨额财富，但他的生活十分节俭。他居住在一座普通的房子里，开着一辆并不豪华的汽车，饮食也非常简单。他认为，财富的真正价值不在于用来满足物质享受，而在于能够帮助他实现更多的社会价值。他将大部分的财富都捐赠给了慈善事业，用实际行动诠释了节欲的智慧。

扎克伯格的简约风格：Facebook 的创始人扎克伯格虽然身价数十亿，但他的穿着打扮十分朴素，经常穿着一件简单的灰色 T 恤和牛仔裤。他将更多的时间和精力投入工作中，致力于通过互联网改变世界。在他看来，外在的物质并不重要，重要的是能够专注于自己所热爱的事业，为社会创造价值。

转变思维方式，树立正确的价值观

认清物质与幸福的关系：我们要深刻地认识到，物质只是生活的一部分，它并不能直接等同于幸福。幸福是一种综合性的感受，包括健康的身体、良好的人际关系、实现自我价值等多个方面。当我们将幸福的定义从物质财富转移到这些更为重要的方面上时，对物质的欲望就会自然而然地降低了。

培养感恩之心：学会感恩自己所拥有的一切，珍惜身边的人和事。每天花一点时间思考自己生活中的美好事物，如家人的关爱、朋友的陪伴、健康的身体等。通过感恩，我们能够更加满足于现状，从而减少对物质的过度追求。

制订明确的目标和计划，合理规划生活

设定财务目标：根据自己的收入和实际需求，制订合理的财务目标和预算计划。明确每月的支出上限，将收入合理分配到各个生活领域，如住房、饮食、娱乐、学习等方面。通过制订详细的预算，我们可以更好地控制自己的消费行为，避免不必要的开支。

规划人生目标：除了财务目标，我们还应该为自己设定长期的人生目标，如职业发展目标、个人成长日标等。当我们有了明确的人生目标时，就会更加专注于实现这些目标，而不会被外界的物质诱惑所干扰。例如，如果你希望在三年内晋升为

部门经理，那么你就需要将更多的时间和精力投入到工作学习中，而不是花费大量时间去购物和娱乐。

培养健康的生活习惯，丰富精神世界

坚持运动锻炼：运动不仅能够保持身体健康，还能释放压力，产生愉悦感。养成定期运动的习惯，如每周进行三次慢跑、瑜伽或游泳等运动。在运动的过程中，我们能够暂时忘却外界的烦恼和物质欲望，专注于身体的感受，从而达到身心的放松和平衡。

阅读与学习：阅读是丰富精神世界的重要途径。通过阅读各种书籍，我们可以开阔视野，增长知识，提升思维能力和认知水平。同时，学习一门新技能或语言也是不错的选择，它能够让我们不断地充实自己，实现自我价值的提升。例如，学习绘画、摄影、烹饪等技能，不仅可以丰富生活，还能培养我们的兴趣爱好。

参与社交活动：积极参与社交活动，与家人、朋友保持密切的联系，拓展自己的社交圈子。与他人的交流和互动能够让我们感受到情感的温暖和支持，减少对物质的依赖。此外，参加志愿者活动、公益项目等，还能让我们为社会做出贡献，获得成就感和满足感。

学会自我约束与监督，建立良好的消费习惯

延迟满足：当我们想要购买一件物品时，先给自己设定一个等待期，如一周或一个月。在等待期内，仔细思考自己是否真的需要这件物品。很多时候，经过一段时间的冷静思考，我们会发现自己对该物品的购买欲望已经降低，从而避免了不必要的消费。

避免冲动消费：在购物时，要保持冷静的头脑，不要被商家的促销手段所迷惑。避免在情绪激动或饥饿时去购物，因为此时我们更容易做出冲动的消费决策。同时，应在购物前列出清单，只购买清单上的物品，避免随意添加其他商品。

建立消费记录：养成记录消费的习惯，详细记录每一笔花销支出的时间、金额和用途。通过分析消费记录，我们可以清楚地了解自己的消费行为和习惯，发现其中存在的问题，并及时进行调整和改进。

拥抱节欲，开启美好生活

在这个充满诱惑的时代，节欲是我们保持清醒、追求真正幸福的关键。它不仅能够帮助我们摆脱物质欲望的束缚，提升内心的满足感和幸福感，还能让我们更加专注于个人的成长和社会价值的实现。通过转变思维方式、树立正确的价值观，制订明确的目标和计划，培养健康的生活习惯，以及学会自我约束和监督，我们能够逐步实现节欲，并掌控自己的生活。让我们从现在开始，拥抱节欲的生活理念，开启一段更加美好、充实的人生旅程。

第四章

省身

自我认知和了解世界是避免陷入困境和不必要追求的关键。人应当有自知之明，了解自己的能力和局限，同时也要认识到世界的复杂性和多样性，这样才不会有过高的期望和不切实际的追求。

尽管每个人和每件事都有其独特性，但人类共通的情感体验却是相似的。我们应当尊重个体差异，同时也要认识到人与人之间的共通点，这样才能更好地理解他人，便于建立和谐的人际关系。如果我们能够以对待他人同样的标准来对待自己，就能够避免偏见和自私，做出更为公正和明智的决策。

智慧需要同实际情况相结合，并且要不断地观察和思考。人心是复杂多变的，不经过深入地思考就无法真正理解。在世俗的交往中，如果没有礼节的维系，就难以保持良好的人际关系。礼节不仅是社会交往的润滑剂，也是个人修养的体现。

身体的健康和心灵的宁静是人生幸福的重要基石。

堵堵堵……
要迟到了！
勿躁。
这数据漏洞百出。

先冷静，总能找到办法。
您好。
前面施工，稍等一下。
会议室
一定会成功！
保持冷静沉着，方能掌控生活。

始终保持理智清醒、沉着冷静的头脑和警觉的状态

在这个物欲横流、信息爆炸的时代，我们如同置身于一片波涛汹涌的海洋之中。功名利禄的诱惑、物质享受的吸引，以及各种纷繁复杂信息的冲击，时刻考验着我们的理智与定力。在这样的社会环境下，学会省身、自省，有效地控制自己的欲望，始终保持理智清醒、沉着冷静的头脑和警觉的状态，成为我们在人生道路上稳健前行的关键。

省身自省：人生的智慧灯塔

省身，即对自身的行为、思想进行审视和反思；自省，则是深入内心，剖析自己的动机、态度和价值观。二者相辅相成，共同构成了一个自我认知、自我提升的过程。通过省身自省，我们能够像照镜子一样，清晰地看到自己的优点与不足，从而有针对性地进行改进和完善。

孔子的“吾日三省吾身”：孔子作为儒家学派的创始人，其一生都践行着省身自省的理念。他提出“吾日三省吾身：为人谋而不忠乎？与朋友交而不信乎？传不习乎？”即每天从三

个方面对自己进行反思：为别人办事是否尽心尽力？与朋友交往是否诚实守信？老师传授的知识是否认真复习了？这种严谨的自我反思精神，不仅让他的道德修养达到了极高的境界，也为后世留下了宝贵的精神财富。

唐太宗李世民的“以人为镜”：李世民深知自省对于治国理政的重要性，他以魏征为镜，时刻反思自己的政策和行为。魏征敢于直言进谏，多次指出李世民的错误和不足，而李世民不仅不生气，反而虚心接受，及时改正。正是因为李世民善于省身自省，能够广纳谏言，才开创了贞观之治的盛世局面。

欲望的旋涡：失控的危害

在现代社会，消费主义盛行，人们对物质的追求达到了前所未有的高度。过度追求名牌、奢侈品，为了满足虚荣心而盲目消费，导致许多人陷入债务危机。一些年轻人为了购买最新款的电子产品、时尚服装，不惜借贷消费，最终因无力偿还债务而陷入困境。这种物质欲望的膨胀，不仅让他们在经济上承受巨大压力，还逐渐迷失了自我，忽视了精神层面的追求。

权力是一把双刃剑，如果不能正确对待权力欲望，就会被权力所腐蚀。在历史上，有许多朝代因权力欲望而走向灭亡的例子。比如秦朝的赵高，为了掌握更大的权力，不惜篡改遗诏、陷害忠良，最终导致秦朝走向灭亡，自己也落得个悲惨下场。在现代社会中，也有一些官员因贪恋权力，贪污受贿、滥用职权，损害了国家和人民的利益，最终受到了法律的制裁。

情感欲望如果得不到合理控制，也会给我们带来无尽的痛苦。在感情生活中，有些人过于执着于爱情，为了追求所谓的“完美爱情”，不惜伤害自己和他人。比如一些人在恋爱中过度依赖对方，一旦双方感情出现问题，就陷入痛苦和绝望之中，甚至做出极端的行为。此外，还有一些人在人际交往中，为了满足自己的情感需求，不惜迎合他人、失去自我，最终却得不到真正的友谊。

保持理智清醒：应对欲望的关键

在面对各种欲望诱惑时，保持理智清醒能够让我们做出正确的判断和选择。只有理智清醒，我们才能看清事物的本质，不被表面的繁华所迷惑。当我们在购物时，理智清醒能够让我们思考是否真的需要这件商品，而不是盲目跟风购买；当我们在面对权力诱惑时，理智清醒能够让我们坚守道德底线，不被权力冲昏头脑。

学会独立思考：在如今信息爆炸的时代，我们每天都会接收到大量的信息。要保持理智清醒，就必须学会独立思考，不盲目相信和传播未经证实的信息。对于各种观点和言论，我们要进行深入分析和思考，结合自己的知识和经验，形成自己的判断。

多角度看待问题：在面对问题和做出决策时，我们不能只从一个角度去思考，而要学会从多角度去看待问题。这样能够让我们更加全面地了解事物的本质，避免因片面认识而做出错误的决策。例如，在投资时，我们不能只看到潜在的收益，还要考虑到可能存在的风险。

沉着冷静与警觉：应对挑战的法宝

在生活中，我们难免会遇到各种的突发情况和挑战。此时，沉着冷静能够让我们迅速调整心态，做出正确的应对策略。比如在面对自然灾害时，沉着冷静的人能够保持冷静，有序地进行自救和互救；在工作中遇到紧急任务时，沉着冷静的人能够有条不紊地安排工作，提高工作效率。

保持警觉能够让我们及时发现潜在的危险和问题，提前做好防范措施。在现实生活中，许多危险往往是在不经意间发生的。比如在网络世界中，我们要时刻保持警觉，防范网络诈骗、信息泄露等风险；在工作中，我们要时刻关注行业动态和竞争对手的情况，及时调整自己的发展策略。

如何做到省身自省、控制欲望、保持理智清醒

每日反思：每天晚上睡觉前，花 10 ~ 15 分钟回顾一天的行为和思想。思考自己在哪些方面做得好，哪些方面还存在不足。对于做得不好的地方，要分析原因，并制订改进措施。

每周总结：每周周末对一周的工作、学习和生活进行总结。可以通过写日记的方式，记录自己的成长和收获，以及遇到的问题和挑战。同时，制定下周的计划和目标，明确努力的方向。

阅读：阅读是一种很好的自我提升方式。通过阅读各种书籍，我们可以开阔视野，增长知识，丰富自己的精神世界。同时，阅读还能够让我们静下心来，远离外界的喧嚣和干扰。

运动：运动不仅能够让我们保持身体健康，还能释放压力，调节情绪。养成定期运动的习惯，如跑步、游泳、瑜伽等，能够让我们在运动中放松身心，培养坚韧不拔的毅力。

识别不良诱惑：要学会识别各种不良诱惑，如赌博、毒品、不良网络信息等。了解这些诱惑的危害，提高自我保护意识。

拒绝不良诱惑：当面对不良诱惑时，要坚定自己的立场，勇敢地说“不”。可以通过寻求家人、朋友的帮助，或者参加一些有益的活动，来转移自己的注意力，避免陷入不良诱惑的陷阱。

学习他人的优点：经常与优秀的人交往，能够让我们近距离学习他们的优点和长处。观察他们的行为方式、思维方式和处事态度，借鉴他们的成功经验，不断提升自己。

接受他人的监督：在与他人交往的过程中，我们可以邀请他们对自己进行监督和评价。虚心接受他人的批评和建议，及时改正自己的缺点和不足。

在人生的道路上，我们会面临各种各样的欲望诱惑和挑战。

只有学会省身自省，控制自己的欲望，始终保持清醒的理智、沉着冷静的头脑和警觉的状态，我们才能在这个复杂多变的世界中坚守自我，不被欲望的洪流所淹没。让我们从现在开始，培养良好的习惯，不断提升自己的修养和能力，以更加坚定的步伐迈向美好的未来。

第五章

求实

那些志向远大、目标长远的人往往更加务实，而那些只追求眼前利益的人则往往虚有其表。在人生的道路上，我们应该树立正确的目标，并且脚踏实地地去追求，而不是只看眼前的利益。

在跟随大众趋势时应该保持谨慎，而在追求自己真正喜欢的事物时则应该勇往直前。我们应该有自己的判断和选择，不要盲目从众，同时也要敢于追求自己的兴趣和梦想。

我们不能被书本知识所束缚，而应该结合实际情况，保持自己的本色。同时，不过分追求完美，实际上是对现实的一种接受，这样反而能够保持事物的真实性。

人的价值不是由出身决定的，而是由自己的态度和行为决定的。没有人天生就是卑贱的，只有那些自我放弃的人才会落入卑贱的境地。自我价值和尊严是可以通过努力和自我提升来实现的。

大智慧是顺应自然和天意的，而小聪明则往往会忽视道德，违背人的情感。真正的智慧不仅仅是聪明才智，更包含了对道德和天道的尊重。

辛勤劳动却收获不多，并不是劳动本身的错，而是现实的一种反映。而轻松闲适却能收获更多，这才是生活的真正意义。我们应该正确看待付出与收获的关系，不要因为一时的得失而否定努力的价值。

大家看一下。
这个设计绝对能打响公司知名度，拿设计大奖。
太棒了。
实用性不足。
现在不拼创意，怎么出头？

搏一搏。
终于到了。
这……这可
怎么办?
这成本我们
接受不了。
再规划下。

追求真实的、实际的人、事、物，才不会因“求虚名”而“处实祸”

在这个纷繁复杂、充满诱惑的时代，人们往往容易被各种虚名所迷惑，在追逐虚荣的道路上渐行渐远。然而，古往今来无数的事实告诉我们，唯有追求真实的、追求实际的人、事、物，才能在生活的舞台上站稳脚跟，避免因“求虚名”而陷入“实祸”之中。

“求虚名”的种种表现

在消费主义盛行的当下，许多人陷入了虚荣消费的怪圈。为了在朋友圈、社交场合中展现所谓的“高品质生活”，他们不惜花费大量金钱购买名牌包、高档手表、限量版球鞋等奢侈品，即便这些商品远远超出了他们的实际消费能力。比如，一些年轻人为了购买一部最新款的苹果手机，甘愿节衣缩食数月，甚至借贷消费。他们追求的并非是手机本身的实用价值，而是其背后所代表的身份象征和他人的羡慕眼光。这种盲目攀比的虚荣消费，不仅让他们背负了沉重的经济负担，还在过度追求物质表象的过程中迷失了自我。

在学术领域，也存在着部分人妄图通过不正当的手段获取虚名的现象。一些科研人员为了快速发表论文、晋升职称，不惜伪造实验数据、抄袭他人研究成果。他们忽视了学术研究的本质是追求真理、推动社会进步，而将精力放在了如何骗取学术荣誉上。例如，韩国的黄禹锡干细胞造假事件曾轰动一时。黄禹锡曾被视为韩国的“民族英雄”，其在干细胞研究领域的“成果”备受赞誉。然而，后来被揭露其论文存在大量造假内容，不仅使他身败名裂，也给韩国的科研事业带来了巨大的负面影响。这种学术造假行为严重破坏了学术生态环境，阻碍了学术的正常发展。

在一些地方政府部门，个别官员为了追求个人政绩，打造所谓的“形象工程”“面子工程”，不惜耗费大量的人力、物力和财力。他们不顾当地实际情况和民众需求，盲目上马一些华而不实的项目。比如，某些城市为了追求城市建设的“高大上”，在人口稀少的偏远地区建造豪华的体育馆、展览馆，但这些场馆建成后却因缺乏实际使用需求而被长期闲置，造成了资源的极大浪费。这种以牺牲公共利益为代价来换取个人虚名的行为，不仅损害了政府的公信力，也给当地经济社会发展带来了诸多隐患。

“求虚名”带来的“实祸”

正如前面提到的虚荣消费案例，过度追求物质虚名会导致个人陷入经济困境。大量的债务不仅会给个人带来沉重的心理压力，还可能影响到日常生活的质量和稳定。一旦收入出现波动，无法按时偿还债务，就可能面临信用危机，甚至陷入财务破产的境地。对于企业来说，若为了追求市场虚名而盲目扩张、过度投资，忽视了自身的实际经营能力和财务状况，也很容易陷入资金链断裂的危机。例如，曾经风光一时的共享单车企业ofo，为了在市场竞争中占据优势地位，盲目投放大量共享单车，追求用户数量和市场份额的快速增长。然而，由于运营成本过高、盈利模式不清晰等问题，最终导致资金链断裂，陷入了严重的财务危机，不仅用户的押金无法退还，企业也面临倒闭的风险。

无论是个人还是组织，一旦因求虚名而被曝光存在虚假行为，其声誉都将受到严重损害，多年积累的信任也会瞬间崩塌。在互联网时代，信息传播速度极快，负面事件很容易在短时间内引发广泛关注。对于个人而言，学术造假、商业欺诈等行为一旦被揭露，将使其在行业内难以立足，未来的职业发展也将受到极大限制。对于企业来说，产品质量造假、虚假宣传等问题被曝光后，消费者对其品牌的信任度会急剧下降，市场份额也会大幅度缩水。例如，2018 年的长春长生疫苗造假事件，让这家曾经在国内疫苗市场占据重要地位的企业瞬间成为众矢之的。消费者对其产品质量产生了严重的怀疑，不仅企业股票暴跌，面临巨额罚款和法律诉讼，而且整个国产疫苗行业也受到了牵连，消费者对国产疫苗的信任度大幅下降。

当人们将大量的时间和精力都投入到追求虚名上时，必然会忽视自身能力的提升和实际问题的解决。他们忙于营造虚假的形象，却没有真正去积累知识、经验和技能，从而错失了许多宝贵的发展机遇。在个人成长方面，一个只注重表面荣誉而不踏实学习的学生，可能在短期内凭借一些投机取巧的方法取得了不错的成绩，但在长期的学习和未来的工作中，由于基础知识不扎实、能力不足，很难有持续的进步和发展。对于企业来说，如果只追求市场上的虚名，而不注重产品研发、技术创新和服务质量的提升，一旦市场环境发生变化，竞争对手推出更具有竞争力的产品和服务，自己就很容易被市场淘汰。

追求真实实际的重要性

追求真实实际能够让我们脚踏实地，一步一个脚印地为未来的发展奠定坚实的基础。无论是个人还是企业，只有通过不断地努力学习、积累经验、提升能力，才能在激烈的竞争中立于不败之地。比如，华为公司多年来一直坚持技术创新，注重研发投入，追求产品的真实品质和性能提升。在面对美国的技术封锁时，华为凭借其长期积累的技术实力和其自主研发的芯片、操作系统等核心技术，成功应对了挑战，不仅在 5G 通信领域保持了领先地位，还在智能手机等业务上不断突破，实现了稳健发展。同样，对于个人来说，一个踏实学习专业知识、不断提升自己实践能力的大学生，在毕业后往往更容易找到一份满意的工作，并且也更容易在职业生涯中取得良好的发展。

真实和诚信是建立良好声誉的基石。当我们始终坚持追求真实实际，言行一致，不弄虚作假时，就会赢得他人的信任和尊重。在商业领域，诚信经营的企业更容易获得合作伙伴的信赖和消费者的认可。例如，阿里巴巴从创立之初就秉持着“让天下没有难做的生意”的使命，注重为商家和消费者提供真实、可靠的服务。经过多年的努力，阿里巴巴建立了良好的商业信誉，成为全球知名的电子商务企业。在人际交往中，真诚待人的人也更容易交到知心朋友，获得他人的支持和帮助。一个总是以真实面目示人，不虚伪、不做作的人，往往能够吸引到志同道合的朋友，建立起深厚而长久的友谊。

追求真实实际的过程也是一个不断认识自己、提升自己的过程。只有我们勇于面对自己的优点和不足，不逃避、不掩饰，才能有针对性地进行自我完善和成长。通过对实际情况的深入了解和分析，我们能够更加明确自己的兴趣、优势和目标，从而更好地规划人生道路，实现自我价值。比如，一位画家在创作过程中，不断地从生活中汲取灵感，真实地表达自己的情感和想法。他通过对自己绘画风格和技巧的不断反思和改进，逐渐形成了独特的艺术风格，创作出了许多优秀的作品，不仅在艺术领域获得了认可，也实现了自己的人生价值。

如何做到追求真实实际

价值观和人生观是指导我们行为的准则。我们要深刻认识到追求真实实际的重要性，摒弃虚荣、浮躁的心态，树立正确的名利观。明白真正的荣誉和成就来自自身的努力和对社会的贡献，而不是来自外在的虚名和表象。我们可以通过阅读经典书籍、学习榜样人物等方式，不断丰富自己的精神世界，提升思想境界。例如，学习雷锋同志全心全意为人民服务的精神，学习袁隆平院士一生致力于杂交水稻研究，为解决全球粮食问题做出巨大贡献的事迹，从他们身上汲取正能量，引导自己树立正确的价值观和人生观。

在工作和学习中，我们要始终保持务实的态度。对待每一项任务，都要认真负责地完成，不敷衍了事，注重细节，追求卓越。制订合理的目标和计划，并脚踏实地地去完成。遇到问题时，不逃避、不推诿，积极主动地寻找解决办法。例如，在科研工作中，科研人员要严格按照实验规范进行操作，如实记录实验数据，对实验结果进行深入的分析和论证。在学习过程中，学生要认真听讲、做好笔记，按时完成作业，遇到不懂的问题及时向老师和同学请教，通过扎实的学习不断积累知识和提升技能。

在当今信息爆炸的时代，各种虚假信息和诱惑无处不在。我们要保持清醒的头脑，学会辨别是非真假，不被外界的声音所左右。在面对他人的赞美和追捧时，要保持谦虚谨慎的态度，不骄傲自满；在面对各种诱惑时，要坚守自己的原则和底线，不为所动。例如，在投资领域，市场上经常会出现各种所谓的“投资机会”和“暴富神话”，投资者要保持理性，不盲目跟风，通过深入地研究和分析，做出正确的投资决策。同时，我们要学会过滤掉一些不必要的信息，避免被过多的噪声干扰，专注于自己的目标和追求。

追求真实实际是一个持续的过程，我们需要定期对自己的行为和思想进行反思与总结。通过回顾自己的经历，分析哪些方面做得好，哪些方面还存在不足，及时调整自己的方向和方法。可以通过写日记、与他人交流等方式，不断反思自己的成长和进步。例如，每周抽出一定的时间，回顾自己本周的工作和学习情况，总结经验教训，制订下周的改进计划。同时，我们要善于倾听他人的意见和建议，学会从不同的角度看待自己，不断完善自我。

在人生的道路上，我们会面临各种各样的选择和诱惑。是追求虚幻的名声，还是脚踏实地追求真实实际，这是每个人都需要认真思考的问题。历史和现实都已经证明，那些沉迷于虚名的人，最终往往会陷入“实祸”之中；而只有追求真实、追求实际的人，才能在生活中收获真正的成功和幸福。让我们从现在开始，摒弃虚荣之心，树立正确的价值观和人生观，以务实的态度去面对生活中的每一个挑战，在追求真实实际的道路上不断前行，书写属于自己的精彩人生。

第六章

慎言

言语既能带来福祉也能带来祸害，关键在于我们如何使用它。言语的选择和使用是个人的责任，我们必须对自己的言语负责，因为它们可能会产生深远的影响。

君子讲真话，即使这些话可能不是那么顺耳；而小人则隐藏真心，用虚伪来遮掩真相。真诚和诚实是人格的重要品质，我们应该追求真实，而不是表面的奉承。一个人的言语可以反映这个人的志向和意图，从而可以预见其行为。因此，我们在评价一个人时，不仅要听其言，还要观其行。无论地位高低，都应该保持适当的谦逊和恭敬，这是维护良好人际关系的重要原则。信用是人际交往中的基石，没有信用的人在社会中难以立足。

在处理信息和人际关系时，要懂得把握时机，保持谨慎，不要泄露机密；同时，在处理亲情关系时，不应过分亲密或疏远，以免造成不必要的麻烦。

现在开会。
这是我们目前的计划，你怎么看？
我觉得我们可以完全推翻这个方案，采用新的模式，肯定能带来巨大突破。
这也太激进了吧。
就是，之前的方案也有可取之处啊。
这个……我还没完全想好。
那你具体说说新方案。
没有充分准备就轻易发表意见，这是对工作不负责的表现。

我太冲动了，在大家面前出丑，还耽误了工作。
我觉得我们可以这样玩？……
先别急着说话，想清楚再说。
我觉得这个玩法很棒。
是啊，确实不错。
想得很周到，提出的建议很有价值。
慎言不是不说话，是要三思而后言。两次经历让我明白了说话谨慎才能赢得人的尊重和信任。

不要轻易地发表意见或者评论，与他人说话、沟通一定要谨慎

在人际交往和社会生活的广阔舞台上，言语如同一把双刃剑，既能搭建起沟通的桥梁，拉近人与人之间的距离，促进彼此的理解与合作；也可能因一时的口无遮拦，引发矛盾冲突，伤害他人的感情，甚至给自己带来意想不到的麻烦。古人云：“病从口入，祸从口出。”这句流传千年的古训，深刻地揭示了言语的重要性以及不慎言所带来的潜在危害。因此，学会慎言，不轻易发表意见或评论，在与他人说话、沟通时保持谨慎，成为我们在为人处世中不可或缺的一项重要技能和修养。

不慎言的危害

在日常生活中，我们常常会因为言语上的不当而伤害到身边的人，从而破坏原本和谐的人际关系。一句无心的批评、嘲笑或者冒犯性的话语，可能会在瞬间刺痛对方的心，让经营多年的友谊或亲密的亲情产生裂痕。例如，在朋友聚会时，有人可能为了活跃气氛，拿朋友的某个缺点或尴尬经历开玩笑，本以为是无伤大雅的调侃，却没想到朋友早已将这些话记在心里，并且产生了不满和隔阂。这种因言语不慎而引发的矛盾，如果

不能及时化解，日积月累，最终可能导致一段珍贵的关系走向破裂。

在工作场合中，不慎言同样可能带来严重的后果。职场上，同事之间需要相互协作、相互支持。然而，若在沟通交流中缺乏谨慎，随意评价同事的工作能力、成果，或者在背后议论他人是非等，很容易引发办公室的紧张气氛和人际关系的危机。比如，一位员工在未经证实的情况下，对同事的工作方法发表负面评价，并在公司内部传播，这不仅会损害同事的声誉，还可能引发团队内部的矛盾和冲突，影响整个团队的协作效率和凝聚力。

我们的言语不仅反映了我们的思想和态度，也在很大程度上塑造了他人对我们的印象和评价。频繁地发表未经深思熟虑的意见或评论，尤其是那些片面、偏激甚至错误的言论，会让他人对我们的专业素养、思维能力和道德品质产生怀疑，从而损害我们的个人声誉。

在信息传播迅速的互联网时代，不慎言的影响更是被无限放大。社交媒体的普及使得每个人都拥有了一个强大的发声平台，同时也意味着我们的言论更容易被广泛传播和关注。一旦在网络上发表了不当言论，可能会在短时间内引发大量的负面舆论，对个人的声誉造成毁灭性的打击。例如，一些公众人物因为在社交媒体上发表了带有歧视性、攻击性或不恰当的言论，遭到了网友的强烈谴责和抵制，不仅形象受损，还可能面临着事业上的困境。即使是普通人，也可能因为在网络上的一次不慎发言，而给自己的生活和工作带来诸多麻烦，如被他人误解、失去工作机会等。

有时候，我们在不经意间说出的话，可能会引发一系列意想不到的麻烦和纠纷。在一些敏感的话题或场合中，言语的不慎可能会触犯到他人的利益、信仰或价值观，从而引发对方的不满和反击，甚至引起法律纠纷。

例如，在商业谈判中，如果一方言语过于冲动、强硬，或者泄露了不该透露的商业机密，可能会破坏谈判的氛围，导致谈判破裂，错失合作机会。在一些涉及民族、宗教、政治等敏感话题的讨论中，更是需要慎之又慎。一句不当的言论可能会引发群体性的不满和抗议，造成社会秩序的混乱。此外，在日常生活中，我们也可能因为在酒后或情绪激动时说了一些不该说的话，而给自己带来人身安全上的威胁。

慎言是一种深层次的个人修养的体现

慎言是一种深层次个人修养的体现，它反映了一个人对自我情绪的控制能力、对他人的尊重以及对事物的理性思考。懂得慎言的人，在说话之前会先思考自己的言语是否合适、是否会对他人造成伤害，他们注重言语的质量而非数量。这种修养不仅能够赢得他人的尊重和信任，还能为自己营造一个和谐、良好的人际环境。

一个在任何场合都能保持言语谨慎的人，往往会给人留下成熟、稳重、有内涵的印象。无论是在正式的商务场合，还是在日常的社交聚会中，他们的每一句话都经过深思熟虑，既表达了自己的观点，又照顾到了他人的感受。这种修养并非是与生俱来，而是通过长期的自我约束和学习培养而来的。

在人际交往中，很多误解和冲突都是由于言语表达不当引起的。当我们不再轻易发表意见或评论，而是在充分了解事情的全貌和对方的立场后再开口，就能有效地避免因信息不对称或表达不准确而产生的误解。慎言能够让我们更加准确、清晰地传达自己的想法，同时也能更好地倾听他人的意见和建议，促进双方的沟通与理解。

例如，在团队讨论中，当面对不同的观点时，懂得慎言的人不会急于反驳，而是先认真倾听对方的阐述，然后再发表自己的看法。他们会用客观的、理性的语言表达自己的观点，并尊重他人的意见。这样的沟通方式不仅能够避免不必要的冲突，还能激发团队成员之间的思维碰撞，能促进问题的更好解决。

言语谨慎的人往往更容易赢得他人的信任。因为他们不会随意承诺自己做不到的事情，也不会轻易发表不负责任的言论。当他们开口说话时，人们会觉得他们所说的话是经过思考和权衡的，具有可信度和可靠性。在与他人的交往中，信任是建立良好关系的基础，而慎言则是赢得信任的重要途径之一。

在商业合作中，合作伙伴之间的信任至关重要。一个说话谨慎、言出必行的人，会让对方觉得与之合作会更加可靠、放心。同样，在朋友关系中，能够保守秘密、不随意传播他人隐私的人，更容易成为他人倾诉心声的对象，从而加深彼此之间的友谊。

如何做到慎言

在开口说话之前，给自己留出足够的思考时间，想一想自己要说的话是否必要、是否合适。可以从以下几个方面进行思考：第一，这句话是否真实客观？避免传播未经证实的谣言或虚假信息。第二，这句话是否会对他人造成伤害？无论是身体上的还是心理上的伤害，都应该尽量避免。第三，这句话是否有助于解决问题或者促进沟通？如果只是为了发泄情绪或制造冲突，那么这句话就没有说的必要。

例如，当听到一个关于朋友的负面传闻时，不要急于向其他人传播，而是应先核实信息的真实性。如果发现这个传闻是毫无根据的，那么就应该选择保持沉默，避免给朋友带来不必要的困扰。又如，在与他人发生矛盾时，不要在情绪激动的情况下说出一些过激的言语，而是要先冷静下来，思考如何用理性的言语表达自己的观点，解决问题。

倾听是慎言的重要前提。只有我们认真倾听他人的言语，了解对方的想法、感受和需求，才能更好地把握说话的时机和分寸。在倾听过程中，要保持专注，不要随意打断对方的发言，同时要注意观察对方的表情、语气和肢体语言，以便可以更好地理解对方的意图。

在与他人交流时，可以采用一些倾听技巧，如点头、微笑、适当的回应等，让对方能够感受到我们对他们的尊重和关注。通过倾听，我们不仅能够获取更多的信息，还能避免因为自己的主观臆断而说错话。例如，在团队会议中，认真倾听每一位成员的发言，了解他们的观点和建议，然后再结合自己的思考发表意见，这样既能体现我们对团队成员的尊重，又能提高自己发言的质量。

情绪往往会影响我们的言语表达。当我们处于愤怒、激动、兴奋等情绪状态时，很容易说出一些不经过大脑的话，从而造成不良后果。因此，学会控制自己的情绪是做到慎言的关键。

当遇到让自己情绪波动较大的事情时，可以通过一些方法来调节情绪，如深呼吸、冥想、暂时离开现场等。等到情绪平复后，再回来处理问题或与他人沟通。例如，在工作中遇到同事的指责或批评时，如果感到自己很生气，不要立刻反驳，而是应先做几次深呼吸，让自己冷静下来。然后再以平和的语气与同事沟通，表达自己的观点和感受，这样既能避免冲突升级，又能更好地解决问题。

良好的语言表达能力能够帮助我们更加准确、清晰地表达自己的想法，避免因言语不当而引起不必要的误解和麻烦。我们可以通过阅读、写作、参加演讲培训等方式来提升自己的语言表达能力。

在阅读过程中,学习优秀作品的语言表达方式和修辞手法，积累丰富的词汇和语句。写作则是锻炼语言组织和表达能力的有效方式，通过不断地写作练习，能够让我们更加熟练地运用语言。此外，参加演讲培训可以让我们在专业老师的指导下，学习演讲技巧、表达技巧和沟通技巧，提高自己在公众场合的语言表达能力。例如，在准备一次重要的演讲时，提前撰写演讲稿，并反复修改，确保语言简洁明了、逻辑清晰。同时，通过多次演练，提高自己的演讲水平和语言表达能力。

每个人都有自己独特的思维方式、价值观和生活经历，因此对同一事物可能会有不同的看法和观点。在与他人交流时，要尊重他人的观点，不要强行将自己的观点灌输给对方。即使我们不同意对方的观点,也应该以理性、客观的态度进行探讨，而不是一味地否定或批评。

例如，在讨论一个有争议的话题时，不要一开始就说“你错了”，而是可以说“我理解你的观点，不过我也有一些不同的看法，我们可以一起探讨一下”。这样的表达方式既能尊重对方，又能为双方的交流创造一个良好的氛围。尊重他人观点不仅能够体现我们的修养和胸怀，还能促进彼此之间的相互学习和共同成长。

慎言,不仅是一种说话的技巧,更是一种人生的智慧和修养。它能够帮助我们避免许多不必要的麻烦和冲突，建立良好的人际关系，赢得他人的信任和尊重。在这个信息爆炸、言论自由的时代，我们更应该时刻牢记慎言的重要性，学会在言语上约束自己，用智慧和修养去驾驭我们的语言。让我们从现在开始，每说一句话都要深思熟虑，每一次沟通都充满真诚和尊重。通过慎言，我们不仅能够提升自己的个人魅力和影响力，还能为社会营造一个更加和谐、美好的交流环境。让慎言成为我们生活中的一种习惯，伴随我们走向更加成功、幸福的人生。

负责任交流的内涵

倾听是交流的基石，当我们真诚地倾听他人时，就如同为对方打开了一扇被理解的大门。在一场激烈的团队讨论中，成员 A 提出了一个看似冒险的项目方案，其他成员纷纷提出质疑。这时，成员 B 并没有急于反驳，而是专注地倾听 A 的想法，从市场前景、团队优势等多方面去理解 A 的出发点。通过这种真诚的倾听，B 不仅明白了 A 提出的方案背后的逻辑，还找到了与自己观点的共通之处，最终两人共同完善方案，使得项目顺利进行。这种倾听不是简单的听见，而是应全身心地投入，去感受对方话语中的情感与需求，让对方感受到被尊重和被重视，从而为交流奠定良好的基础。

准确表达自己的想法和观点，是交流中避免误解的关键。在工作中，领导安排任务时如果表述模糊，就可能导致员工执行出现偏差。比如，领导说“尽快完成这份报告”，但没有明确“尽快”的具体时间节点，员工可能会按照自己的理解去安排进度，最终导致工作延误。若领导能准确表达为“明天下午五点前完成这份报告并提交”，员工就能清楚任务要求，高效完成工作。在生活中也是如此，与家人沟通时，清晰地表达自己的需求和感受，能避免许多不必要的矛盾。准确表达需要我们在说话前厘清思路，组织好语言，必要时可以举例说明，确保对方能准确理解我们的意图。

在这个多元的世界里，每个人都有自己独特的观点、文化背景和生活经历，尊重这些差异是实现良好交流的重要前提。在国际商务谈判中，来自不同国家的代表有着不同的商业文化和谈判风格。美国代表可能更注重效率和直接沟通，而日本代表则更倾向于含蓄和团队决策。如果美国代表不尊重日本代表的文化习惯，在谈判中急于求成，可能会引起对方的反感，导致谈判破裂。反之，当双方都能尊重彼此间的文化差异，理解对方的行为方式，就能找到共同的利益点，达成合作。在日常交流中，我们也会遇到与自己观点不同的人。这时，我们应放下偏见，以开放的心态去接纳和理解，求同存异，让交流更加和谐、丰富。

不负责任交流的负面影响

在生活的各个角落中，不负责任的交流就像一颗随时可能引爆的炸弹，引发各种冲突，破坏原本和谐的氛围。在家庭中，父母对孩子的一句无心指责，如“你怎么这么笨，这都做不好”，可能会伤害孩子的自尊心，引发亲子间的争吵，破坏家庭的温馨氛围。在学校里，同学之间的一句恶意调侃，像“你这次考试肯定作弊了，不然怎么可能考这么好”，可能会引发同学间的矛盾，破坏校园的和谐氛围。在社会上，网络上的一句偏激评论，如对某一群体的不当攻击，可能会引发群体间的对立，破坏社会的稳定。这些言语不当的行为，往往源于交流者缺乏责任感，没有考虑到自己的话语会给他人带来怎样的伤害，最终导致人际关系的破裂和社会和谐的破坏。

谣言的传播，就是不负责任交流的典型表现。在信息传播迅速的今天，一条未经证实的谣言，可能在短时间内迅速扩散，误导公众。就像曾经流传的“吃盐可以防辐射”的谣言，在网络和社交平台上迅速传播，引发了民众的恐慌性抢购，导致市场上的食盐供不应求，给社会秩序和人们的生活带来了极大的混乱。还有一些不实的医疗信息，如某种保健品可以治愈绝症等谣言，误导消费者购买使用，不仅浪费了他们的钱财，还可能延误病情，对身体健康造成严重危害。这些不负责任的言论，往往是出于博眼球、谋私利等不良目的，传播者不顾事实真相，随意发布信息，让公众在虚假信息的迷雾中迷失，产生不良的社会影响。

构建和谐语言环境的方法

营造和谐美好的语言环境，每个人都是关键的一环，我们要从心底树立起负责任交流的意识。在日常交流中，无论是与家人的温馨对话，还是与陌生人的短暂交流，都要时刻提醒自己，言语的力量不可小觑。比如在家庭聚餐时，认真倾听长辈的讲话，不随意打断，用真诚的回应表达对他们的尊重；在与朋友交流兴趣爱好时，准确表达自己的想法，分享积极的观点，让交流充满乐趣。在网络上发表言论时，更要谨言慎行，不盲目跟风传播未经证实的信息，不发表攻击性言论。就像在社交媒体上看到一条热门话题讨论时，先冷静思考，再依据事实发表自己的见解，用理性的语言引导讨论走向积极的方向。从每一次的交流细节做起，用我们的行动为良好的语言环境添砖加瓦。

学校教育在提升公众语言表达能力和沟通素养方面起着基础性作用。在学校里，语文课堂不仅要注重字词、语法的教学，更要通过阅读经典文学作品，让学生感受语言的魅力，学习准确、优美的表达方式。比如在学习《荷塘月色》时，引导学生体会作者朱自清对景物细腻的描写，领悟如何运用精准的词汇和优美的语句来表达情感，提升语言表达能力。还可以开展演讲、辩论等活动，锻炼学生的沟通和表达能力，让他们学会在不同场合中清晰地表达自己的观点，尊重他人的意见。在社会层面，通过公益广告、文化活动等形式，宣传负责任交流的重要性。如在社区举办“语言文明周”活动，通过讲座、文艺表演等形式，向居民普及语言规范和文明交流的知识，提高公众的语言素养。

建立健全语言使用规范和监管机制是规范交流行为的重要保障。在网络平台上，制定明确的发言规则，对于发布虚假信息、恶意攻击他人等行为，进行警告、封号等处罚。例如，一些社交平台对于发布谣言的账号，应及时进行禁言处理，并要求发布者澄清事实，以维护平台的交流秩序。在现实生活中，对公共场合的语言使用也可以进行规范，比如在商场、车站等场所，设置文明用语提示牌，引导人们文明交流。同时，鼓励公众对不文明、不负责任的交流行为进行监督举报，形成全社会共同参与的监管氛围，让不负责任的交流行为无处遁形。

负责任的交流是我们在语言世界中航行的指南针，它引领我们避开冲突的暗礁，穿越错误信息的迷雾，驶向和谐美好的彼岸。每一次真诚的倾听、准确的表达和尊重彼此差异的交流，都是在为这个美好的语言环境添彩。让我们将责任交流融入日常生活的点滴，从自己做起，带动身边的人，共同营造一个充满爱与理解、和谐美好的语言环境。在这个环境中，我们的每一句话都能成为温暖人心的力量，每一次交流都能成为连接彼此心灵的纽带。

第七章

节情

在现实生活中，我们应该保持理智和客观，不让情绪影响我们的判断和决策。

通过压抑个人的性情来端正自己的行为。这意味着我们需要学会控制自己的情绪和欲望，以便更好地适应社会和他人。在处理亲情、友情和同情时，我们应该保持适当的界限，避免过度放纵，以免伤害自己或他人。

无论是天怒还是人怒，都可能导致不良后果。这要求我们在处理情绪时应保持冷静和理智，避免因一时冲动而造成不可挽回的损失。精英警惕悲伤的情绪，而普通人需要警惕忧虑的情绪。情绪的控制对于个人的修养和社会的和谐至关重要。

无法割舍的情感会束缚住我们。这要求我们在面对情感时，要学会放手，不要让情感成为我们的负担。

真正的幸福和正义不依赖于外在的美貌和谄媚，而是基于内在的品质和信用。

钓鱼去。
水真清。
喵。
小家伙，
吃吧。
太可爱了。
在等我吗？

不是妈妈狠心，你知道我们都对猫毛过敏，不能养猫啊。
我知道，可是……
别怪我，家人健康很重要。
对不起，小家伙，你要好好的。
控制情感很难，但为了更重要的人和生活，我做到了。
你过得好，我就放心了。

要善于控制自己的情感，不让情感泛滥乃至失控

在人生的漫漫长河中，我们如同航行在波涛汹涌的大海上的船只，而情绪就是那变幻莫测的风浪。它既能助力我们乘风破浪，快速前行，也能在瞬间掀起惊涛骇浪，将我们的生活之舟颠覆。学会节情，即学会克制情绪、控制情感，不让其泛滥乃至失控，是我们每个人都必须修炼的人生功课。这不仅关乎个人的心理健康、人际关系，更影响着我们生活的方方面面，从职业发展到家庭幸福，从身体健康到社会和谐。

掌控情绪，驾驭人生

情绪失控时，我们往往会口不择言，做出冲动的行为，而这些言语和行为就像锋利的刀子，会在不经意间伤害到身边的人，破坏原本亲密的人际关系。在家庭中，父母因工作压力大而情绪失控，对孩子大发雷霆，可能会让孩子的心灵受到创伤，导致亲子关系变得紧张。孩子可能会因此对父母产生恐惧、疏

远的情绪，不愿与父母沟通，长期下来，家庭氛围也会变得压抑沉闷。

在朋友交往中，一次因情绪激动而对朋友的指责或误解，可能会让多年的友谊出现裂痕。例如，朋友间因一场误会，一方情绪失控，大声争吵，甚至说出一些伤人的话，即使事后双方都意识到错误并试图修复关系，但那道裂痕可能依然存在，在日后的相处中，双方都会变得小心翼翼，原本轻松愉快的友谊也会因此变味。

在职场中，情绪失控同样会带来严重后果。员工在会议上因对方案不满而情绪爆发，不仅会打乱会议节奏，还可能让同事和领导对其产生负面印象，认为其缺乏团队协作精神和情绪管理能力。这种行为可能会影响到个人的职业发展，错失晋升的机会或重要项目的参与资格。

长期的情绪失控或情感泛滥会对身心健康造成极大的危害。从生理角度来看，当我们处于愤怒、焦虑、抑郁等负面情绪中时，身体会分泌应激激素，如肾上腺素和皮质醇。这些激素在短期内可以帮助我们应对紧急情况，但如果长期处于高水平状态，会对身体的各个系统产生不良影响。例如，长期的愤怒和焦虑可能导致血压升高，增加患心脏病和中风的风险；过度的悲伤和抑郁可能影响免疫系统，使身体更容易受到疾病的侵袭，引发感冒、感染等疾病。

在心理层面，情绪失控会导致心理问题的滋生。经常无法控制自己情绪的人，更容易受到焦虑症、抑郁症等心理疾病的困扰。他们可能会反复陷入消极情绪的旋涡中，无法自拔，对生活失去信心和热情，严重影响生活质量。而且，情绪失控还可能导致自我认知偏差，使人对自己产生负面评价，进一步加重心理负担。

情绪失控会阻碍我们的个人成长和发展。当我们被情绪左右时，很难保持冷静和理智，无法做出正确的判断和决策。在学习和工作中，遇到困难或挫折时，如果我们不能控制自己的情绪，而是陷入沮丧、焦虑或是愤怒之中，就会失去解决问题的能力和动力。例如，学生在考试失利后，如果情绪失控，自暴自弃，就无法从失败中吸取教训，总结经验，从而影响后续的学习成绩和个人成长。

在职场中，面对工作压力和竞争，如果不能有效地控制情绪，就可能导致在关键时刻做出错误的决策，影响职业发展。比如，在面对晋升机会的竞争时，因嫉妒竞争对手而情绪失控，做出一些不恰当的行为，不仅会损害自己的形象，还可能失去晋升的机会。情绪失控还会限制我们的思维拓展和创新能力，使我们局限于当下的情绪困境，无法看到更广阔的发展空间。

节情的重要性

节情有助于我们塑造健康积极的心态。当我们能够克制和控制自己的情绪时，就能以更加平和、乐观的态度面对生活中的各种挑战和困难。遇到挫折时，我们不会被负面情绪淹没，而是能够迅速调整心态，积极寻找解决问题的方法。例如，在面对失业的困境时，懂得节情的人不会陷入绝望和自怨自艾中，而是会冷静分析原因，积极寻找新的工作机会，把这次经历看作是人生的一次转机，从而保持积极向上的心态。

节情还能让我们更好地应对生活中的各种压力，保持内心的平静和安宁。在快节奏的现代生活中，压力无处不在，只有学会控制情绪，我们才能在压力面前保持镇定，有条不紊地处理各种事务，避免因压力过大而导致情绪崩溃。这种健康积极的心态不仅有利于我们的身心健康，还能让我们更加享受生活，感受到生活的美好。

善于节情的人在人际交往中更受欢迎，能够构建和谐稳定的人际关系。他们懂得在不同的场合中控制自己的情绪，尊重他人的感受，不会因一时的冲动而伤害到别人。在与家人相处时，他们能够耐心倾听家人的意见和需求，以平和的方式解决家庭矛盾，营造温馨和睦的家庭氛围。例如，夫妻之间遇到分歧时，懂得节情的一方会控制自己的情绪，避免争吵，通过沟通和协商来解决问题，增进夫妻之间的感情。

在朋友交往中，善于节情的人能够更好地理解和包容朋友，当朋友犯错或遇到困难时，他们不会指责或抱怨，而是给予支持和鼓励。这种善解人意的行为会让朋友感受到温暖和信任，从而加深彼此之间的友谊。在职场中，能够控制情绪的人更容易与同事和领导建立良好的合作关系，他们能够在团队中保持冷静，协调各方利益，促进团队的和谐发展，提升团队的凝聚力和战斗力。

节情是个人成长与成功的重要助力。当我们能够控制自己的情绪时，就能更加专注于自己的目标和事业，充分发挥自己的潜力。在面对困难和挫折时，稳定的情绪能让我们保持坚定的信念，不轻易放弃，坚持不懈地追求自己的梦想。例如，许多成功的企业家在创业过程中面临着无数的困难和挫折，但他们凭借着强大的情绪控制能力，始终保持着冷静和理智，去分析问题，寻找解决方案，最终实现了自己的创业目标。

节情还能提升我们的决策力和判断力。在做决策时，情绪稳定的人能够全面、客观地分析问题，权衡利弊，做出明智的选择。而情绪失控的人往往会因一时的冲动而做出错误的决策，给自己带来损失。此外，良好的情绪管理能力还能让我们更好地应对职场中的各种挑战，如压力、竞争、人际关系等，为个人的职业发展打下坚实的基础。

实现节情的方法与途径

提高自我认知是实现节情的第一步。我们要了解自己的情绪特点，包括哪些因素容易引发自己的情绪波动，以及在不同情绪状态下自己的表现。可以通过日常的观察和反思来进行自我认知，例如，当自己情绪激动时，记录下当时的场景以及自己的想法和行为，事后分析是什么原因导致了情绪的爆发。通过长期的记录和分析，我们就能逐渐了解自己的情绪模式，从而在情绪即将爆发时及时察觉。

同时，我们还要了解自己的情绪触发点背后的深层次原因。例如，有些人容易因为被批评而愤怒，可能是因为内心深处对自己缺乏自信，害怕被否定。当我们了解到这一点后，就可以通过提升自信等方式来改变对批评的反应，从而更好地控制情绪。提高自我认知还包括了解自己的情绪表达习惯，比如有些人在情绪激动时会大声争吵，而有些人则会选择沉默不语。了解这些习惯后，我们可以有意识地调整自己的情绪表达方式，使其更加健康和合理。

深呼吸与放松练习：深呼吸是一种简单而有效的情绪调节方法。当我们感到情绪激动时，可以通过深呼吸来缓解紧张的情绪。具体做法是：慢慢地吸气，让空气充满腹部，感觉腹部像气球一样膨胀，然后慢慢地呼气，感受腹部逐渐收缩。重复这个过程，每次呼吸尽量保持均匀、缓慢、深沉，持续做几分钟。深呼吸能够调节身体的生理反应，使心跳减慢，血压降低，从而缓解紧张的情绪。

除了深呼吸，放松练习也是调节情绪的好方法。例如，渐进性肌肉松弛法，先紧绷身体的各个部位，如腿部、手臂、腹部等肌肉，保持几秒钟后再慢慢放松，感受肌肉从紧张到松弛的过程。人们通过这种方式，可以让身体和大脑得到放松，减轻压力和焦虑的情绪。冥想也是一种有效的放松方式，找一个安静舒适的地方坐下或躺下，闭上眼睛，专注于自己的呼吸或一个特定的意象，排除杂念。每天进行几分钟的冥想练习，能够帮助我们平静内心，提高情绪的稳定性。

情绪表达与倾诉：情绪表达和倾诉也是调节情绪的重要方式。当我们遇到负面情绪时，不要压抑自己，而是要选择合适的方式将情绪表达出来。可以通过写日记的方式，将自己的感受、想法和经历记录下来，这不仅有助于我们梳理情绪，还能让我们从不同的角度看待问题。同时，与亲朋好友倾诉也是一种很好的方式，将内心的烦恼和困惑说出来，能够得到他人的理解、支持和建议，从而减轻心理负担。

在倾诉时，要注意选择合适的对象和时机。选择那些能够理解和支持自己的人，避免向那些可能会批评或指责自己的人倾诉。同时，要注意倾诉的时机，不要在对方忙碌或不方便的时候打扰对方。此外，在表达情绪时，要注意方式方法，避免过于情绪化或攻击性的语言，以平和、理性的方式表达自己的感受和需求。

改变思维方式：改变思维方式是调节情绪的关键。很多时候，我们的情绪是由我们对事物的看法和评价所决定的。当我们遇到问题时，如果能够换个角度思考，可能会发现事情并没有我们想象的那么糟糕。例如，当我们遇到挫折时，不要只看到失败的一面，而是要思考从这次经历中我们学到了什么，有哪些经验教训可以吸取，如何在未来做得更好。这种积极的思维方式能够帮助我们从负面情绪中走出来。

此外，我们还要学会挑战自己的不合理信念。有些人可能会存在一些不合理的信念，如“我必须做到完美”“别人必须按照我的想法去做”等，这些信念往往会导致我们产生焦虑、愤怒等负面情绪。当我们意识到自己存在这些不合理信念时，要学会用理性的思维去挑战它们，认识到这些信念的不合理之处，从而改变自己的思维方式，调节情绪。

规律作息与健康饮食：规律的作息和健康的饮食对情绪的稳定有着重要的影响。睡眠不足或不规律会导致身体和大脑的疲劳，从而影响情绪的调节能力。我们每天应该保持充足的睡眠时间，一般成年人需要 7 ~ 8 小时的睡眠。同时，要养成规律的作息习惯，每天尽量在相同的时间上床睡觉和起床，这样有助于调整生物钟，提高睡眠质量。

健康的饮食也能对情绪产生积极影响。我们应该保持均衡的饮食，摄入足够的蛋白质、碳水化合物、脂肪、维生素和矿物质。例如，富含维生素 B 的食物，如全麦面包、燕麦、香蕉等，有助于调节神经系统，缓解焦虑情绪；富含 Omega－3 脂肪酸的食物，如鱼类、坚果等，对改善情绪有一定的作用。避免过多摄入高糖、高脂肪和高盐的食物，这些食物可能会导致血糖波动、体重增加等问题，进而影响情绪。

适度运动与休闲娱乐：适度的运动是调节情绪的有效方式。

运动能够促进身体分泌内啡肽和多巴胺等神经递质，这些物质能够改善情绪，使人产生愉悦感和幸福感。我们可以选择自己喜欢的运动方式，如跑步、游泳、瑜伽、骑自行车等，每周进行至少 150 分钟的中等强度有氧运动。运动不仅能够缓解压力和焦虑情绪，还能增强身体素质，提高自信心。

休闲娱乐活动也是调节情绪的重要途径。在工作和学习之余，我们应该给自己留出一些时间来进行休闲娱乐活动，如看电影、听音乐、阅读、旅行等。这些活动能够让我们放松身心，转移注意力，从紧张的生活中解脱出来。例如，听一首喜欢的音乐，能够让我们沉浸在美妙的旋律中，忘却烦恼；阅读一本有趣的书籍，能够让我们进入一个全新的世界，放松心情。通过参与休闲娱乐活动，我们能够调节情绪，保持身心的平衡。

社交环境的优化：我们所处的社交环境对情绪有着重要的影响。与积极向上、乐观开朗的人交往，能够让我们受到他们的感染，保持良好的情绪状态。因此，我们应该主动优化自己的社交圈子，结交那些能够给我们带来正能量的朋友。同时，要避免与那些经常抱怨、消极负面的人过多接触，以免受到他们的负面情绪影响。

在社交场合中，我们要学会与他人建立良好的互动关系。尊重他人的意见和感受，学会倾听和理解他人，这样能够营造和谐的社交氛围，让我们在人际交往中感受到快乐和满足。此外，积极参与社交活动，如参加社团、志愿者活动等，能够扩大我们的社交圈子，丰富我们的生活，从而对情绪产生积极的影响。

生活环境的整理：生活环境也会影响我们的情绪。一个整洁、舒适、温馨的生活环境能够让我们心情愉悦，而杂乱无章、脏乱差的环境则可能会让我们感到烦躁和压抑。因此，我们要注重生活环境的整理和布置。定期打扫房间，保持室内整洁干净；合理布置家具和装饰品，营造温馨舒适的氛围。可以在家里摆放一些绿色植物，它们不仅能够美化环境，还能释放氧气，改善空气质量，对情绪产生积极的影响。

此外，我们还可以根据自己的喜好来布置生活环境，让它更符合自己的个性和需求。例如，喜欢阅读的人可以打造一个舒适的阅读角落，摆放一些自己喜欢的书籍和舒适的座椅；喜欢听音乐的人可以在房间里放置音响设备，随时享受音乐带来的愉悦。通过营造良好的生活环境，我们能够让自己的情绪更加稳定和愉悦。

节情，是我们在人生旅程中必须掌握的一项重要技能，它如同导航仪，指引着我们在情绪的海洋中平稳前行。通过克制情绪、控制情感，我们能够避免情绪失控带来的诸多危害，如人际关系的破裂、身心健康的损害以及个人成长的阻碍。相反，节情能为我们带来诸多益处，塑造健康积极的心态，构建和谐稳定的人际关系，助力我们在个人成长与成功的道路上稳步迈进。

实现节情并非是一蹴而就的，需要我们从提高自我认知、学习情绪调节技巧、培养良好生活习惯以及营造良好环境等多个方面入手，持之以恒地努力。每一次对情绪的成功控制，都是我们成长的标志；每一次在情绪困境中保持冷静，都是我们迈向成熟的脚步。

在这个充满挑战和机遇的时代，让我们学会节情，用理智驾驭情感，以平和的心态面对生活中的风风雨雨。当我们能够熟练地掌控自己的情绪时，我们就能更好地书写属于自己的精彩人生，稳步驶向幸福、成功的彼岸。

压抑的阴霾

情绪压抑就像一片沉重的乌云，悄然笼罩着人们的生活。那些习惯于压抑情绪的人，常常把真实的感受深埋于心底。在脸上，他们可能总是挂着看似平静的表情，但内心却早已波涛汹涌。比如在工作中，面对同事不合理的指责，即使心里委屈愤怒，也会选择默默忍受，不发一言。久而久之，这种压抑使他们变得情绪低落，对生活失去热情，对曾经感兴趣的事情也提不起劲头。

从心理健康的角度来看,长期压抑情绪犹如一颗定时炸弹。据相关研究表明，长期处于压抑状态的人，患焦虑症、抑郁症等心理疾病的概率大幅增加。因为当负面情绪被不断压抑，无法得到释放时，大脑中的神经递质平衡会被打破，影响神经系统的正常功能。例如，很多抑郁症患者在发病前都有过长期情绪压抑的经历，他们内心的痛苦无法倾诉，最终被负面情绪所吞噬。

在人际关系方面，情绪压抑同样是一道难以逾越的鸿沟。这类人往往因为害怕表达真实情绪而变得沉默寡言，逐渐与他人产生距离。他们不敢分享自己的喜怒哀乐，别人也难以走进他们的内心世界。就像在家庭聚会中，总是安静地坐在角落，不参与大家的讨论和欢笑,时间一长,家人可能会觉得他们冷漠、不合群，进而导致关系疏远。

放纵的代价

与压抑相反，情绪放纵则像是一匹脱缰的野马，肆意狂奔。情绪放纵的人，往往在情绪爆发时失去理智，任由情绪支配自己的行为。比如，在工作会议上，因为一点不同意见就大发雷霆，对同事恶语相向；在生活中，遇到不如意的事情就摔东西、暴饮暴食。这种放纵行为或许能在瞬间释放情绪，但会带来诸多的严重后果。

在个人形象方面，情绪放纵无疑是一把双刃剑，伤人伤己。一个经常随意发脾气的人，会给他人留下脾气暴躁、缺乏修养的负面印象。在工作中，这样的形象可能会阻碍职业发展，领导和同事可能会对其能力产生怀疑，不愿意将重要的任务交予他。在生活中，朋友也会逐渐远离他，因为没有人愿意总是承受他人的情绪垃圾。

从人际关系的角度来看，情绪放纵就像一场“人际关系灾难”，它会破坏原本和谐的关系，让身边的人感到疲惫和受伤。比如，夫妻之间如果一方经常因为小事大发雷霆，随意指责对方，会让感情逐渐出现裂痕，最终可能导致婚姻破裂。在朋友之间，一次情绪失控的争吵，可能会让多年的友谊毁于一旦。

情绪表达：打破压抑的枷锁

合理表达情绪是释放内心压力、维护心理健康的重要方式。

坦诚沟通是一种直接有效的情绪表达方法。当我们与他人产生矛盾或分歧时，不要将情绪深埋心底，而是要选择合适的时机，心平气和地与对方交流自己的感受和想法。比如，在家庭中，因为家务分工问题与伴侣产生了不满情绪，这时可以找一个双方都比较放松的时间，真诚地告诉对方自己的感受，如“我最近感觉很累，因为家务分担不太均衡，我希望我们能一起商量一个更合理的安排”。通过这样的沟通，不仅能够表达自己的情绪，还能增进彼此的理解，避免矛盾的积累。

艺术创作也是一种独特的情绪表达方式。绘画、写作、音乐等艺术形式能够让我们将内心里无法言说的情绪以一种创造性的方式展现出来。当我们心情低落时，通过绘画将内心的悲伤和痛苦用色彩和线条表达出来，在创作的过程中，情绪也得到了宣泄和释放。比如，一位画家在经历失恋的痛苦后，创作了一系列以孤独和悲伤为主题的画作，这些画作不仅是他情绪的寄托，也让他逐渐走出了失恋的阴影。

在表达情绪时，选择合适的时机和方式至关重要。不要在对方情绪激动或忙碌时表达自己的负面情绪，这样很可能会引发冲突或者对方无法认真倾听。同时，要注意表达方式，避免使用指责、抱怨的语言，以免激化矛盾。比如，在向领导反馈工作中的问题时，不要说“你安排的这个任务不合理，我根本没办法完成”，而是可以说“我在完成这个任务时遇到了一些困难，想和您一起探讨一下如何更好地推进”。

情绪管理：避免放纵的缰绳

情绪管理能力是我们应对生活挑战的重要保障。当我们情绪激动时，深呼吸是一种简单而有效的控制情绪的方法。慢慢地吸气，让空气充满腹部，然后再缓缓地呼气，重复几次。在这个过程中，身体会逐渐放松，情绪也会得到缓解。比如，当在工作中与同事发生争执，情绪即将失控时，先做几次深呼吸，让自己冷静下来，再进行沟通，这样可以避免因情绪失控而说出或做出让自己后悔的事情。

转移注意力也是调节情绪的有效途径。当我们陷入负面情绪时，可以尝试做一些自己喜欢的事情，将注意力从引发情绪的事情上转移开。比如，当因为工作压力而感到焦虑时，去听一首喜欢的音乐、看一部有趣的电影或者进行一场运动。运动能够促使身体分泌内啡肽，这种物质可以改善我们的情绪状态，让我们感到愉悦和轻松。

培养情绪管理能力并非是一蹴而就的，需要长期的练习和坚持。正念冥想是一种很好的方式，它通过让我们专注于当下的感受和体验，提高对情绪的觉察和接纳能力。每天花 15 ~ 20 分钟进行正念冥想，坐在舒适的位置上，闭上眼睛，专注于自己的呼吸，当杂念出现时，不要刻意去驱赶它们，而是轻轻地将注意力拉回到呼吸上。通过长期的正念冥想，我们能够更好地控制自己的情绪，保持内心的平静和稳定。

同理心培养：理解他人的钥匙

同理心，简单来说，就是能够设身处地地理解他人感受的能力。它是建立良好人际关系的关键因素，让我们能够站在他人的角度去看待问题，感受他人的喜怒哀乐。在人际交往中，具备同理心的人更容易赢得他人的信任和喜爱。比如，当朋友因为亲人的离世而悲痛万分时，我们能够体会到他的痛苦，给予他温暖的陪伴和安慰，而不是说一些空洞的安慰话。

培养同理心需要我们学会换位思考。当与他人发生矛盾或冲突时，不要急于指责对方，而是尝试站在对方的立场去思考问题，分析他的行为动机和其背后的原因。这样我们就能更好地理解对方，从而找到解决问题的最佳方式。例如，在与同事就工作分配产生分歧时，我们可以想一想如果自己处于对方的位置，会有怎样的考虑和需求，通过这种换位思考，可能会发现彼此的出发点都是为了把工作做好，只是角度不同而已，从而更容易达成共识。

践行与成长：持续进步的旅程

自我调控和建立和谐人际关系的道路没有终点，它是一场需要我们持续投入精力和热情的旅程。将这些理念和方法融入日常生活中，是实现个人成长和人际关系改善的关键。

我们可以从日常小事做起，逐步培养自我调控的习惯。比如，当遇到让自己生气的事情时，先默数 10 个数，给自己一个缓冲的时间，避免立刻做出冲动的反应；在与他人交流时，提醒自己要专注倾听，不随意打断对方。每天花一点时间进行自我反思，回顾当天在情绪管理和人际关系处理方面的表现，思考哪些地方做得好，哪些地方还需要改进。通过不断地进行反思和调整，我们能够逐渐提高自己的能力。

建立和谐人际关系也需要我们在日常生活中的积极主动。主动与家人、朋友和同事沟通交流，分享彼此的生活中的点滴和感受；在团队合作中，积极承担责任，关心他人的需求，共同解决问题。每一次与他人的互动都是一次成长的机会，我们要珍惜这些机会，用心去经营人际关系。

在这个过程中，我们可能会遇到各种困难和挫折，比如情绪失控、与他人发生冲突等。但这些困难和挫折也是我们成长的契机，我们要以积极的心态去面对它们，并从中吸取经验教训。就像一棵树苗在成长过程中会遇到风雨的洗礼，但正是这些经历让它变得更加坚韧，最终成长为参天大树。

人生是一场充满挑战与机遇的旅程，学会自我调控和建立和谐人际关系是我们在这场旅程中最宝贵的财富。让我们学会掌控情绪，以理性和智慧应对生活的种种，用真诚和关爱搭建起与他人心灵相通的桥梁。在每一个平凡的日子里，不断实践、反思与成长，书写属于自己的精彩篇章，迎接更加美好的未来。

第八章

向善

善良和正直是人生中最重要的品质，它们能够帮助我们做出明智的选择和决策。

不要仅凭言语来判断一个人的品质，而是要通过观察他们的行为和审视他们的内心来做出判断。真诚和善良是衡量一个人的重要标准。不要轻信名声，也不要懈怠于实际。在现实生活中，我们应该更加注重实际和实际的行为，而不是只看名声和表面的东西。

君子即使有怨恨，也不会影响他们做事；而小人即使有朋友，也不会停止争斗。在处理人际关系时，我们应该保持理性和客观，不要让情绪影响我们的判断和行为。利益可以追求，规则可以遵守。邪恶会迷惑愚笨的人，但不会迷惑智者。善良的价值在于真诚，而不在于形式。

在追求利益和遵守规则的同时，我们应该保持真诚和善良，这样才能在复杂的社会中保持自己的道德和原则。

又是红灯。
这么多车。
奶奶，我扶您过马路吧。
奶奶，前面有个小台阶，您慢点儿。
好，好，姑娘，太谢谢你了。
真漂亮。
叔好辛苦，我们
零花钱都用来买
的东西吧，这样
帮到他。
好哇！
谢谢你们，善良的孩子们。
叔叔，我们买这些。

哎呀，我的菜！
大爷，您没事吧？
宝贝真懂事。
妈妈，我也来帮忙。
谢谢大家，太谢谢你们了！
大爷，这都是我们应该做的。

生而为人，应当追求善良、正直的品质，善因才会结善果

向善：点亮心灵之光，收获美好人生

在纷繁复杂的社会中，我们时常面临各种诱惑与挑战，人性的光辉与黑暗在不同的情境下相互交织。然而，无论世界如何变化，善良与正直始终如熠熠星辰，照亮我们前行的道路。追求善良、秉持正直的品质，不仅是个人道德修养的体现，更是构建和谐社会、收获美好人生的基石。因为，善因往往会结出善果，如同播种下的种子，终会绽放出绚烂的花朵。

善良与正直：人性的璀璨光辉

善良，是一种源自内心深处的仁爱与慈悲。它表现为对他人的关心、同情与帮助，是不计回报地为他人着想，愿意为他人的幸福付出努力。善良并非软弱，而是一种强大的力量，它能够化解矛盾，温暖人心。一个善良的人，会在他人遇到困难

时伸出援手，在他人遭受痛苦时给予安慰，在他人迷失方向时给予指引。善良是一种无私的奉献，它不求回报，只希望看到他人的笑容与幸福。

正直，意味着坚守道德原则，行事公正、坦率，不偏不倚。正直的人在面对利益诱惑时，能够坚守底线，不为所动；在面对强权压迫时，能够勇敢地捍卫真理与正义。正直是一种内在的操守，它让我们在人生的道路上时刻保持清醒的头脑，做出正确的选择。一个正直的人，言行一致，诚实守信，能够赢得他人的尊重与信任。正直是社会公平正义的基石，它保障着社会的正常运转，促进着人际关系的和谐发展。

善因善果：真实世界的美好映射

善良滋养心灵：当我们向他人展现善良时，内心会涌起一种温暖与满足感。这种感觉并非来自外界的赞誉，而是源于我们对自己行为的认可。例如，在公交车上为老人让座，看到老人感激的笑容，我们会感到无比欣慰。这种善良的行为，不仅帮助了他人，更滋养了我们的心灵，让我们感受到人性的美好。长期坚持善良的行为，会让我们的内心变得更加柔软、宽容，能够更好地应对生活中的各种挑战。

正直助力成长：正直的品质能够让我们在面对困难与挫折时保持坚定的信念。在学习和工作中，秉持正直的原则，我们会努力追求真实与卓越，不弄虚作假，不投机取巧。这种态度使我们能够不断提升自己的能力，积累宝贵的经验。例如，一位学生在考试中拒绝作弊，凭借自己的努力取得好成绩。虽然过程可能艰辛，但通过这种方式获得的知识和成长是真实可靠的。正直的品质还能让我们赢得他人的尊重与信任，为个人的发展创造良好的人际关系环境。

善良促进社会和谐：当善良成为一种社会风尚，整个社会都将充满温暖与关爱。在社区中，邻里之间相互帮助，关心孤寡老人和留守儿童，能够营造出和谐的生活氛围。在面对自然灾害时，各地民众纷纷伸出援手，捐款捐物，帮助受灾地区的人们重建家园。这种善良的汇聚，会让社会变得更加美好，增强人们的归属感与凝聚力。

正直维护社会公正：正直的人在社会各个领域中发挥着重要作用，他们坚守法律与道德底线，维护着社会的公平正义。法官秉持正直的原则，公正地审理案件，保障公民的合法权益；记者坚持正直的态度，真实地报道事件，让公众了解真相。正是因为有这些正直的人，社会才能在有序的轨道上正常运行，人们的生活才能充满希望。

特蕾莎修女的无私奉献：特蕾莎修女一生致力于帮助加尔各答的穷人、病人和孤儿。她不顾自身的艰辛，创办了众多慈善机构，给那些处于社会边缘的人们提供了生活的希望。她的善良与爱心感动了无数人，也赢得了全世界的尊重与赞誉。她所播下的善因，不仅改变了无数人的命运，也在人们心中种下了善良的种子，激励着更多的人投身慈善事业。

包拯的公正廉明：包拯，这位历史上著名的清官，以正直无私、铁面无私而闻名。他不畏权贵，敢于为百姓伸张正义，审理了许多疑难案件，为社会的公平正义做出了巨大贡献。他的正直事迹流传千古，成为人们心目中正义的象征。他的善因，不仅为当时的百姓带来了安宁，也为后世树立了光辉的榜样，影响着一代又一代的人不断地追求公正与正直。

阻碍向善的因素剖析

功利主义的盛行：在现代社会，功利主义思想在一定程度上影响着人们的价值观。一些人过于追求物质利益和个人成就，将善良与正直视为实现目标的手段，而非内心的追求。这种功利心态使得人们在面对选择时，往往优先考虑自身利益，忽视了他人的需求和社会的整体利益。例如，在商业竞争中，部分企业为了追求利润最大化，不惜采用不正当手段，损害消费者权益，破坏市场公平竞争环境。

信任危机的影响：近年来，社会上出现的一些负面事件，如诈骗、碰瓷等，导致了人与人之间的信任危机。人们在面对他人的困境时，往往会有所顾虑，担心自己的善良被利用。这种信任缺失使得善良的行为受到抑制，许多人在伸出援手之前会犹豫不决。例如，老人摔倒在路上，一些人因害怕被讹诈而不敢上前搀扶，这种现象反映了信任危机对善良行为的阻碍。

自私心理的作祟：自私是人类的一种本能，但如果过度膨胀，就会阻碍我们向善。自私的人往往只关注自己的利益和感受，对他人的困境漠不关心。他们在面对选择时，总是以自我为中心，不愿意为他人做出牺牲。例如，在排队时，自私的人可能会插队，只为了自己能够更快地得到服务，而不顾及他人的感受。

恐惧与怯懦的束缚：有时候，我们内心的恐惧与怯懦会让我们不敢表达善良。我们害怕帮助他人会给自己带来麻烦，害怕坚持正直会遭受到他人的排挤和打击。这种恐惧心理使得我们在面对需要帮助的人或不公正的事情时，选择沉默和退缩。例如，在目睹校园欺凌事件时，一些学生因为害怕被报复而不敢站出来制止，这种恐惧束缚了他们的善良行为。

在生活中践行善良与正直

学会换位思考：换位思考是培养善良意识的重要方法。当我们站在他人的角度看待问题时，能够更好地理解他人的感受和需求，从而激发内心的善良。例如，当我们看到一位盲人过马路时，想象自己如果处于他的境地，会多么需要帮助，这样就能促使我们主动上前搀扶。通过不断地换位思考，我们能够逐渐增强对他人的同情心和关爱之情。

关注身边小事：善良并非一定要做出惊天动地的大事，日常生活中的点滴小事同样能体现善良。我们可以从关心家人、朋友做起，为他们做一些力所能及的事情，如帮忙做家务、倾听他们的烦恼等。在社会生活中，我们可以随手捡起地上的垃圾，给陌生人一个微笑，这些看似微不足道的举动，都能传递善良的力量。

树立正确的价值观：正确的价值观是坚守正直原则的基础。我们要明确什么是对的、什么是错的，将道德和法律准则内化为自己的行为指南。在面对各种诱惑时，能够坚守自己的价值观，不随波逐流。例如，在面对金钱的诱惑时，我们要明白诚实劳动、合法致富才是正确的途径，坚决抵制不正当的获取方式。

勇于担当责任：正直的人敢于对自己的行为负责，在面对错误和困难时，不推诿、不逃避。当我们发现自己的行为对他人造成伤害时，要勇于承认错误，并积极采取措施进行弥补。在工作中，遇到问题时要主动承担责任，努力寻找解决办法，而不是将责任推卸给他人。

以身作则：作为社会的一员，我们的言行举止会对身边的人产生影响。当我们始终保持善良与正直的品质时，就会成为他人学习的榜样。例如，家长在日常生活中尊老爱幼、诚实守信，孩子在潜移默化中也会受到影响，养成善良正直的品格。在工作中，领导以身作则，坚守道德底线，能够带动整个团队形成良好的风气。

积极参与公益活动：公益活动是传播善良与正直力量的重

要平台。通过参与志愿者服务、慈善捐赠等活动，我们能够将善良转化为实际行动，以帮助更多的人。同时，在公益活动中，我们还能结识志同道合的人，共同为社会的美好贡献力量。例如，参加环保志愿者活动，我们可以向公众宣传环保知识，倡导绿色生活方式，为保护环境贡献自己的一份力量。

向善，是我们内心深处最本真的呼唤，是对美好人性的执着追求。善良与正直的品质，如同璀璨的星辰，照亮我们的人生之路，让我们在面对生活的种种挑战时，依然能够坚守内心的温暖与正义。尽管在现实生活中，我们可能会遇到各种阻碍向善的因素，但只要我们坚定信念，从自身做起，从点滴小事做起，就一定能够克服困难，让善良与正直的光芒闪耀在每一个角落。

每一次善良的举动，每一次对正直的坚守，都是在种下一颗善因。这些善因或许不会立刻结出善果，但它们会在不经意间发芽、开花、结果，为我们带来内心的安宁、他人的尊重以及社会的和谐。让我们携手共进，在追求善良与正直的道路上稳步前行，用善良与正直书写人生的华章，共同创造一个更加美好的世界。因为，只有当我们都成为善良的使者，这个世界才会充满爱与希望，善因善果的美好循环才会不断延续。